給孩子最珍貴的三項禮物

目標

自律

累積

孩子與父母的關係不是「小皇帝」與「老奴才」，
更不該是「無助的臣民」和「專制的暴君」
究竟，孩子真正需要的是什麼？

唐豔豔——著

目錄

目錄

第二章　比同學少寫一兩個小時作業的祕密

第三章　補習不是時間黑洞

目錄

目錄

作者簡介

唐豔豔，碩士，心理諮商師，兒童繪本作家、編輯，原大學講師。潛心研究家庭教育十年，開發過親子課「孩子優秀父母省心的四種能力」。筆名唐硯，曾發表過《千萬別讓孩子哭著睡》等多篇點閱率超過十萬次的育兒文章。

前言

孩子也有「拖延症」

如今這個時代，成年人所受的競爭壓力越來越大，生活的節奏越來越快，然而「拖延症」卻在孩子們之中日趨蔓延。

不少家長抱怨自己的孩子：「就那麼幾個字的作業，非要寫到半夜！」、「做事拖拖拉拉，慢吞吞的吃飯，有一搭沒一搭的扣扣子，收拾書包也要花半天……眼看上學要遲到了，他還動作那麼慢！」當孩子的「拖延症」滲透到日復一日的生活中時，種種行為表現讓家長們筋疲力竭。

早上，費盡九牛二虎之力叫孩子起床，結果孩子睜開眼後，便睡眼惺忪的坐在床上發呆，慢條斯理的穿衣服，邊吃飯邊玩手機……

晚上，上了一整天班，拖著疲憊的身軀把孩子接回家，結果還要上演一場「作業大戰」。從耐著性子催促孩子寫作業，到不耐煩的制止孩子玩鉛筆，再到勃然大怒吼孩子，最後壓下怒火，平復心情，繼續陪孩子克服萬難……

週末和假期時間，孩子肩負各種課後活動的任務，連吃飯睡覺都很趕，然而孩子仍一動不動的盯著電視，或是抱著手機和 iPad 不放手……

孩子的習慣性拖延讓父母十分憤怒，每天 hard 模式的養孩子體驗讓人感到十分絕望。

是我們倒楣，沒遇到省心的孩子嗎？

不是。孩子的「拖延」很多時候是我們教養不當造成的。當然這情有可原，畢竟我們初為父母，缺乏教養經驗。我們愛孩子的心是誠摯的，但理念是零散的，方法是單一的。

在這本書裡，我將探討這一問題，闡述如何用孩子喜歡的方式，教會他們掌握時間的奧祕。我會提供一些具體、實用的方法和技巧，也努力闡

前言

明方法背後的原理。

在我看來，和時間做朋友，分為以下三層境界。

第一層，能高效解決生活事項。對孩子來說，最基本的是做到準時起床、儘早寫完作業、有時間讀書和運動、合理安排休息和玩耍時間。我將在本書前四章具體介紹針對這些問題的工具和方法。

第二層，使高效成為一種身體和思考習慣。對孩子來說，就是透過有意識的專業訓練，培養和提高他們管理時間的本事。我將在第五至七章分別從清單、日誌、生活習慣等方面，來介紹具體的訓練方法。

第三層，真正成為時間的朋友。這意味著我們在時間意識上獲得「升級」，透過掌握時間的本質，獲得精神上的自由。對每一個人來說，這都是一生的功課。然而，如果在孩提時期，就可以初步觸摸到時間的真正奧祕，孩子將來的一生會事半功倍。我在本書第八章會介紹一些基本原理。

在本書的最後，以附錄的形式，就普遍困擾我們的一些日常問題，提出參考意見。

時間鐵面無私，它一分一秒地流逝，從不為任何人停留，但時間又溫和慈悲，給了每個人一座寶藏。有人用這座寶藏做了很多事，度過了豐富充實的一生。有人肆意揮霍這座寶藏，度過了渾渾噩噩的一生。一切，都依賴於我們自己的選擇。我們的選擇將深深影響我們最親愛的孩子。

作者

前言

第一章　叫孩子起床不再是難事

叫孩子起床，看似是小事，其實是大事。是做時間的主人，還是奴隸，從起床這一刻便見分曉。對很多家長來說，叫孩子起床從幼稚園一直延續到高中，始終是件令人頭痛不已的任務。如果我們學會使用一些科學的方法，那麼起床不但是件愉快的事情，還是孩子學習時間管理的第一步。

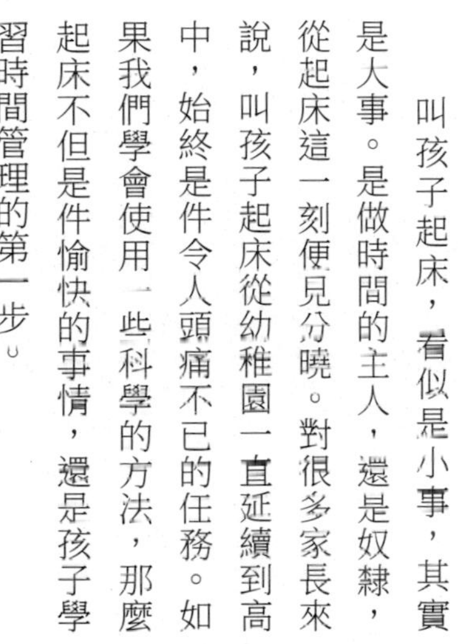

本章主要涉及重點有如下內容。

- 感知和理解時間：用恰當的方法教會孩子感知、理解時間。
- 聲音和情緒：用讓孩子愉悅的聲音叫他起床。
- 鼓勵的三個內涵：用真誠、具體、可操作的鼓勵，讓孩子體會自我控制的成就感。
- 自然後果法：讓孩子明白，與時間為敵的自然後果。
- 習慣的力量：用持之以恆的方法叫孩子起床，養成良好習慣。

讓孩子決定起床時間

不論多小的孩子，讓他自己決定起床時間，無形中他就承擔起了管理時間的責任，父母只是幫忙，這個關係要釐清，因為這是教會孩子和時間做朋友的第一步。

琳琳四歲，上幼稚園中班。每天叫琳琳起床是家裡最大的一件事。媽媽來叫一遍，琳琳睜開大眼睛看了眼媽媽，又迷迷糊糊的睡過去。爸爸來叫一遍，琳琳答應著起床，還是又睡著了。奶奶和爺爺一起過來叫，用了各種方法，又是哀求，又是恐嚇，又是幫忙穿衣服。二十分鐘過去了，琳琳才迷迷糊糊的起來，閉著眼睛，打著哈欠去了幼稚園。奶奶和她商量，明天一叫你，你就起床好不好？琳琳點頭答應。但第二天，還是拖拖拉拉起不來。

大人常常覺得孩子小，所以一切都替他們安排好。其實孩子雖小，卻像渴望生長的小樹苗，如果能夠在大人的引導下自由地安排自己的事情，並克服困難去履行，就能體驗到成就感，更會發展出責任感和自尊心。

小璐媽媽就是這樣做的。媽媽告訴小璐，我們要在早上七點半到幼稚園，路上需要十分鐘。要確保不遲到的話，就需要在七點二十分穿好衣服出門。穿衣服、洗漱大概需要二十分鐘。那麼，你決定幾點起床呢？小璐很自然地說要七點起床，又有點擔心會遲到，所以最後決定要在六點五十六分起床。第二天，媽媽準時去叫她，只輕聲說：「小璐，現在六點五十六分了。」小璐雖然還是很困，但仍然快速的爬了起來，高高興興地洗漱完去幼稚園了。

當然，讓孩子決定起床時間，前提是孩子對時間有概念。如果孩子對時間感到茫然，只是胡亂說一個時間，那麼只是對父母的另一次應付而已，並不會真的觸動心弦。

時間概念較為抽象，孩子感知起來並不容易。在嬰兒階段，孩子是完全根據自己身體的需求來飲食和睡眠。幼兒階段，特別是四到六歲，孩子認知能力飛速發

展，對時間的流動充滿了好奇，對早上、中午、晚上這些時間有了初步的認知，但對於更精細的時間劃分，孩子還沒有直接感受。

所以，在我們理直氣壯的要求孩子「十分鐘內必須穿好衣服」前，我們必須先做好兩件事。

第一，讓孩子認識時間。比如可以給孩子買一個兒童手錶，告訴孩子，那個長針從橘子指到葡萄的時候就是十分鐘。當然你還可以選擇更省錢和有趣的方法，就是自己畫些水果小圖片，貼在家中的鐘上，每個數字下貼上不同的水果。練習一段時間，孩子就對小時和分鐘有了初步的概念。

第二，讓孩子感知時間。孩子認識了鐘錶，知道了小時和分鐘的概念，但並不意味著他能感知時間。事實上，連很多成年人也完全沒有時間概念，比如有些人習慣遲到，而且遲到時間竟達半小時以上，很有可能是因為他從小就沒有形成良好的時間感知，完全不知道走一段路和做完一件事究竟需要多少時間。對孩子來說，我們可以用很多事情來標注時間。比如讀完一個故事，順口說一句，媽媽讀這本書用了十分鐘、燒開一壺水用了十分鐘，諸如此類。在這樣平淡瑣碎又用心的累積下，孩子才會對時間形成真正的感知，才會對做什麼事需要多長時間有判斷能力。如果父母從未做過這些累積訓練，只會責怪孩子：「只剩五分鐘了，你怎麼還在拖拖拉拉？」、「你怎麼不早點準備？」那麼有問題的是父母，不是孩子。

當孩子對時間初步形成了具體化、形象化的感知後，父母就可以開始逐漸讓孩子決定一些生活瑣事的時問了。比如決定起床時間。因為是自己的決定，所以孩子出於對自尊的維護，準時起床的熱情會很高。當然，這種熱情要持續下去，不被賴床的舒適感打敗，還需要我們配合以更多巧妙的方法。

用孩子喜歡的聲音叫他起床

聲音和情緒有著深刻的互相影響的關係。尖銳、不規則的噪音讓人厭煩，輕柔適中、規律的聲音如同樂音，讓人愉悅。

小苗是個調皮的男孩。他的爸媽對他比較滿意的是叫他起床並不難，老爸一聲吼，他頂多磨蹭一兩下，就起床了。但小苗卻很委屈的告訴好朋友小明，早上我爸大聲吼我，我嚇一大跳，直接爬起來坐在床上，他接著大聲罵我，罵我懶、磨蹭王，我趕緊站起來，腦子裡嗡嗡的響，心撲通通的跳。

小苗爸爸這種叫孩子起床的方法，堪稱是殺傷性叫醒。過大的聲音、侮辱責罵的語氣，會帶給孩子極壞的影響，不但讓孩子一整天都沒了好心情，久而久之，還會破壞孩子的情緒控制能力，引發衝動易怒、心情低落、反應遲緩、注意力渙散、冷漠麻木等不良心理情緒。可怕的是，小苗爸爸還很得意，覺得自己教子有方。殊不知，這種行為貪小失大，為了讓孩子起床，丟掉了孩子的幸福能力。

還有些父母，雖然不去吼孩子，但故意製造各種噪音，比如很吵的走路聲、洗臉刷牙聲、臉盆摩擦聲、談話聲……希望孩子聽到後主動起床。但這些噪音造成的最大效果，不是讓孩子立即起床，而是讓孩子的睡眠變得斷斷續續，既浪費了時間，又沒有得到休息的效果，還容易讓孩子在睡夢中感到莫名其妙的煩躁，是一種非常不可取的做法。

正確的做法是用孩子喜歡的聲音叫他起床。具體說起來，原則有三條。

（一）**提前約定**。要和孩子商量好，聽取他的意見，第二天用什麼聲音叫他起床，讓孩子有充分的心理準備。如果是小一點的孩子，還可以更詳細地向孩子解釋，比如：「那麼我們約定了，明天聽到這首歌的時候，你就慢慢睜開眼睛，開始穿衣服。當這首歌唱完的時候，你就已經穿好衣服來到廁所了。」

（二）**使用柔和愉悅的聲音**。每天睜開眼睛，重新來到這個美好的世界，在知識的海洋裡遨遊，本來就是一件幸福的事情，何必要逼迫呢？父母首先要有「起床是美好的」這樣的信念，然後日復一日地使用柔和愉悅的聲音，把這種信念沉澱到孩子的潛意識中，讓孩子充滿希望的擁抱他未來生命中的每一天。

（三）**固定使用一種聲音**。不管你選擇使用哪種聲音來叫孩子起床，除了柔和愉悅，還要固定，萬萬不可今天讓孩子聽歌，明天聽故事，後天媽媽親自上陣。固定使用一種聲音的好處，是容易形成儀式感。當熟悉的起床聲音響起的時候，孩子無須動用太多腦資源，身體就可以自動形成條件反射，讓孩子起床變得更容易。

在這三個原則的基礎上，我們可以選擇哪些聲音呢？有很多，我們可以列舉一些例子。

（一）**使用舒緩的音樂叫醒**。音樂是和諧悅耳的聲音，尤其是舒緩的音樂，和我們身體內在的節奏會形成奇妙的共鳴。用小一些的音量，為沉睡中的孩子播放一曲優美的樂曲，透過聽覺系統緩緩傳達訊號給腦部，讓他慢慢醒來是一種非常好的叫醒方式。如果孩子喜歡，有些兒童鬧鐘有布穀鳥的叫聲，小溪潺潺之類的聲音也不錯。

（二）**使用孩子喜歡的兒歌叫醒**。每個孩子都有對兒歌獨特的偏好，只要不高亢，平穩歡快的兒歌也可以用來叫醒孩子。因為無論是在睡夢中，還是清醒的時候，人對心愛的聲音總是分辨得最清楚，反應也最愉悅，孩子也不例外。

（三）**使用英語叫醒**。這是一舉兩得的方法，既可以叫醒孩子，又可以讓孩子學英語。有關研究表明，臨睡前和起床後，是語言學習最好的時段。孩子在將醒未醒的時間裡，大腦像剛剛清空的杯子，這時候聽英語，語感就像水一樣，自然而然地注入杯子，孩子更容易體會到語言的美，也會在這種美中自然地醒過來。

（四）**父母輕聲喚醒**。父母溫柔和充滿愛意的聲音，永遠是孩子的天籟之音。父母可以先輕輕地坐在孩子床上，讓孩子感覺到輕微的觸動。然後一邊用暖和的手輕輕地撫摸或接觸孩子的手或頭，一邊小聲喚孩子的名字，告訴他：「現在該起床了。」當孩子微睜雙眼時，給他一個微笑，然後靜靜走開。需要特別注意的是，這種方法雖然美好，但操作難度很大。因為孩子看到父母會很自然的想撒嬌賴床。而父母要用極大的克制力，才能確保自己真的一直這麼溫柔。通常的後果是：以溫柔開始，以暴躁結束。

當然，除了這些聲音，我們還可以用其他方法輔助，比如孩子喜歡的飯菜香味。雖然大部分孩子早餐喜歡吃麵包，但還是會有些孩子喜歡蔥油餅的香味、牛奶的濃香……父母可以根據孩子的情況考慮。

不催促，多鼓勵

不管習慣用哪種方式叫孩子起床，父母都容易犯同一個錯誤，那就是反覆催促。

小花媽媽常說，小花什麼都好，就是做事很被動，喜歡拖拖拉拉。早上叫她起床，總是一叫就睜開眼，一走開就閉上眼，叫個三五回才能叫起來。然後還得接著催她穿衣服、穿襪子、穿鞋子、刷牙、洗臉。一催一動彈，不催不動彈。都二年級了，這樣下去怎麼行。

在我看來，這話可以反過來——小花媽媽什麼都好，就是愛嘮叨、愛催促。

嘮叨，是絞殺孩子主動性的罪魁禍首。

催促，是孩子形成良好時間觀念的絆腳石。

為什麼這麼說？因為嘮叨的特點是重複、負面和無效。對幼小的孩子來說，父

母當然可以給予適當提醒。如果父母嘮叨的是一種重複的提醒，就會剝奪孩子主動做事的體驗，搶走孩子珍貴的成就感，也會奪走孩子犯錯的機會。如果父母嘮叨的是一種重複的指責，那就更可怕了，喋喋不休的指責，會讓孩子的自尊心和自信心受到嚴重的傷害。

有一個教育專家曾經做過一個實驗，先當場收集家長們最常對孩子說的三句話。然後讓所有家長閉上眼睛，進入一個安靜的狀態。然後專家讀這些話給家長們聽。實驗結果是所有家長都淚流滿面，他們從來不知道，他們隨意說出的這些話，比如「快去寫作業，你怎麼這麼懶！」、「你就是愛拖拖拉拉，欠揍！」會對孩子造成這麼大的傷害。有個媽媽分享說，聽到這些指責一聲聲撞擊著耳膜時，她最想做的就是捂住耳朵離家出走。有個爸爸說，聽著這些辱罵，他真想揍誰一拳來發洩。但所有家長都一致認為，他們唯一不想做的，就是按照這些聲音的吩咐去做。

這就是嘮叨的傷害和無效。

催促也是一種嘮叨。這種嘮叨的傷害集中表現在孩子的時間掌控力上。父母對時間的流逝感到非常焦慮，於是透過催促把這種焦慮和壓力延伸到了孩子身上。孩子原本有自己的時間節奏，但很多父母認為孩子的節奏不對，所以不停地去打斷他、催促他，讓他按照家長的時間節奏行動。這樣的後果是，孩子永遠處在一個被打斷、極度碎片化的時間流中，他將不會有機會來形成對時間的感知和掌控能力。

正確的做法是引導和鼓勵

如何鼓勵孩子是一門大學問。絕對不是孩子吃碗飯也拍拍手稱讚「真棒」——那是過分的讚揚和吹捧，也絕不是從孩子平凡的言行中找出蛛絲馬跡，千方百計證明自家孩子是天才——那是爺爺奶奶的晚年娛樂，父母就不要去搶這種事做了。

鼓勵的三個內涵是真誠、具體、可操作，鼓勵的目的是引導孩子體會自我控制的成就感。

我們結合叫孩子起床這件小事，來談談具體如何操作。

（一）**真誠**。孩子剛開始訓練準時起床的時候，狀態肯定是不穩定的。他會有幾天興致勃勃，聽到聲音就立刻爬起來，也會有些天起得拖拖拉拉。如果是他靠自己的力量起來了，我們就要鼓勵，但不能空泛的鼓勵，而是要用鼓勵的語言說出真實的感受。比如前一種情況我們可以說：「你今天一聽到音樂就醒過來了，還迅速的穿

好了衣服，效率真高。」後一種情況我們可以說：「你打敗了那個想偷懶的小怪獸，真勇敢。給你的意志力加三顆星。」二、三年級之後的大孩子，也許已經不適合這麼幼稚的語言，那前一種情況可以給他一個欣喜的微笑和擁抱，後一種可以拍拍他的肩膀，給他一個鼓勵的眼神。總之形式可以多樣，但父母的鼓勵一定要發自內心。

(二) **具體**。不管對哪個階段的孩子，你的鼓勵最好不要是空泛的「真好」、「真棒」。概念精細化，永遠是認知的福音。父母和孩子的任何交流，都會激發他的思想和情感發展。父母多用點心，孩子就會多受點益。比如鼓勵一個孩子起床速度快，可以有層層遞進的精細化概念。第一層：很好。第二層：你一聽到音樂就起來，效率很高。第三層：我原本猜想音樂到小河流水聲的時候你才會起來，沒想到小鳥剛叫你就穿好衣服了，很快嘛……具體的表述可以無限，當然我們家長也不用這麼無聊，對所有事情都這麼奇怪的說話。我想說的只是，逐漸和孩子用精細化的概念交流，孩子的思想和情感會得到更豐富的延伸。

(三) **可操作**。鼓勵和讚美不同的地方在於，鼓勵還要著眼於未來，你的目的不是單純讓孩子高興，你心裡渴望的是讓他更好。但最好不要說「繼續努力」、「這次用了五分鐘，下次用四分鐘就更好了」，因為這些話沒有可操作性，是領導語言，還是留著跟能幹的下屬們說吧。對幼小的孩子，你可以這樣來說：「你今天打敗懶惰小怪獸僅僅用了五分鐘，但媽媽給你一個祕密武器，下一次你可能就只需要四分鐘了。這個祕密武器就是醒過來後不要躺著和它打架，坐起來和它打！」

這些鼓勵的方法，用來叫孩子起床很好用。但它們更是普遍性的，在教育孩子的很多情況，你都可以試一試。

讓孩子承擔自然的後果

當我們讓孩子明白了時間的含義，約定好了叫醒的方法，並經過一小段時間的觀察引導後，就該把接力棒交給孩子了，讓他根據自身情況不斷的調整和適應，最終成為習慣。這個過程中最難的一關是父母要學會眼睜睜地看著孩子承擔後果。

睿睿上一年級，媽媽覺得他不能再像幼稚園時那樣，拖拖拉拉地起床，甚至還要奶奶幫忙穿衣服。於是媽媽和他反覆商量，用他喜歡的英語兒歌小星星叫他起床，起來後自己穿好衣服去洗漱。睿睿一開始對此很有熱情，兒歌一響就馬上爬起來。但三天後，熱情逐漸消失，在媽媽的鼓勵下總算起來了。但又到了星期一，假

日睡了兩天懶覺的睿睿起不了床了。小星星已經「眨完眼睛回去睡覺」了，眼看著再不出發就要遲到了，睿睿還賴在床上。媽媽著急了，一邊嘮叨一邊幫他穿衣服，然後塞進車裡送去學校。媽媽覺得很挫敗，費了那麼大的力氣，也沒做錯啊，怎麼會這樣？

我們首先要明白，在培養孩子獨立起床的過程中，出現反覆是正常的。很多成年人下定決心要五點起床，堅持得很好的人，也有偶爾睡過頭的時候。

如果孩子一直是在一個安全感比較強的環境中長大，自尊心和自信心沒有受過較大的傷害，那麼父母可以使用這一招：讓他承擔自然的後果。

自然後果法，是法國教育家盧梭（Jean-Jacques Rousseau）提出的一種教育方法。盧梭說：「應該教孩子從經驗中吸取教訓，如果孩子有冒失的行為，你只需要讓他碰到一些有形的障礙或受到由他的行為本身而產生的懲罰，就能夠加以制止。」孩子該吃飯的時候不吃飯，我們不管他，自然的結果就是餓肚子，下一頓飯就會好好吃了。天冷，孩子出門不願意穿衣服，自然的結果就是凍得發抖，甚至感冒生病，下一次自然就會記得穿衣服了。讓孩子在因自己的過失所造成的後果中品嚐苦果、體驗懲罰、得到教訓，孩子自然會受到刻骨銘心的教育。

在起床的問題上也可如此。睿睿媽媽如果堅持不說多餘的話，只告訴他該出發了，自己可以等他一會兒，但是今天肯定會遲到。睿睿自然就得手忙腳亂地起床，心慌意亂地擔憂一路，到了學校，因為遲到，還要面對老師的責罵。這一連串的感受因為媽媽的沉默，睿睿被迫去一一體驗。他會體會到難受的感覺，下定決心第二天絕不賴床。

自然後果法看似簡單，實則很不容易。對父母來說，看著孩子犯錯受罰不出手，這簡直是和天性對抗，甚至是與疼愛孩子和好為人師的兩重天性對抗。所以，我們不難理解，為何一看到孩子犯錯，父母立刻就想要批評和指導，因為這是父母最舒服、最容易的做法。

父母在使用自然後果法的時候，看著孩子被自然懲罰的時候，需要注意以下幾點。

第一，父母要深刻理解，懲罰的目的是承擔責任，而不是傷害。

其實不論是自然後果法，還是父母給予的懲罰，對懲罰的理解是否正確和準確，決定了你對孩子的教育結果是喜劇還是悲劇。心理學家中有一些人，極力反對父母懲罰孩子，他們認為父母的懲罰完全是把恨意宣洩到孩子身上，是打著教育旗

號的惡毒戕害。我認為大部分父母並沒有主觀惡意，他們只是無法精準判斷，什麼是教育，什麼是傷害。

當我們無法判斷的時候，可以用最簡單的方法——直接詢問孩子。比如父母可以和孩子開個家庭會議，商量一些家庭規範和幾種懲罰措施，掃地一週、為全家人洗襪子三天、二十個仰臥起坐、假日兩天不能玩遊戲……在制定每一種懲罰前，都要詢問每個家庭成員，尤其是孩子，如果受到這個懲罰，你是否會覺得被傷害？如果有人說是，就果斷放棄這一條。

回到自然後果法，孩子餓一頓、冷到感冒、遲到被罵，是不是傷害？父母要從長遠的眼光來看這件事，就會意識到：這些後果是孩子能夠承受的。而那些孩子不能承受的後果，比如孩子要翻越馬路欄杆，父母當然不能說你翻吧，被車撞了你就知道怕了。這中間的尺度，父母要掌握好。

第二，父母在順其自然的同時，要站在孩子這邊，而不是站在「自然」那邊。

當孩子受懲罰的時候，父母不是「袖手旁觀」，更不能雪上加霜。「我早就告訴過你……」、「你現在知道了吧……」這種洋洋得意、盡顯自己先見之明的話，說起來很爽快，但聽起來感覺很糟糕。即使總結教訓的時候，也要避免出現這類措辭。

父母不要動輒就將自己置於孩子的對立面。如前面所言，在這種情況下，父母應該堅持不說多餘的話，只告訴孩子出門時間到了，可以等他一會兒，但自己上班可能要遲到了，孩子上學也會遲到。這個過程，父母要心平氣和，自然地說出事實，並表達自己願意提供幫助——等他穿衣服和洗漱，並送他去上學。父母一旦表現出寬容和愛護，孩子就會感到內疚，就會產生他的責任心。如果父母這個時候大聲責罵，孩子的內疚就會被強烈的厭煩和憤怒掩蓋，停止反省自己。如果父母送孩子上學一路上板著臉，怒氣衝衝，孩子的內疚就會被恐懼取代，他會想方設法替自己找藉口推卸責任，或者用更加任性和耍賴，來逃避之後的責任。若父母不了解孩子微妙的心理變化、無法因勢利導，只是一味地責怪孩子不懂事，便是完全沒有意義的。

第三，父母要根據孩子的具體情況，掌握自然後果法的尺度。

良好的親子關係、融洽的交流、孩子的安全感、對父母的信任、被呵護的較好的自尊心，是自然後果法的前提。如果孩子已經長大了，而且自尊心已被傷害得千瘡百孔，對老師的責罵也滿不在乎，自然後果法就不適用了。父母不能單一的使用這種辦法，而應該從平和的交流、持續的鼓勵入手，重建孩子的安全感後，再逐步

實施這種方法。

另外，孩子的情況各式各樣，父母可能同時要解決很多問題。父母需要判斷哪一個問題是當下最重要的問題。比如孩子體弱，那麼父母可能要優先解決身體問題，而不是用自然後果法讓他著涼感冒。

耐心養成好習慣

用上述的方法，堅持一個月左右，孩子基本上就可以主動起床了，但我們仍然不能掉以輕心。

小明上小學一年級，開學一個月後，已經養成聽英語起床的好習慣。可是最近，他用來聽英語的機器壞了。媽媽就找了一個鬧鐘來暫時代替。小明每天寫完作業就跟著爸爸媽媽看會兒電視，再去睡覺。一開始只看十分鐘，現在時間卻越來越長，爸爸媽媽都已經催他好幾次了，他還賴在沙發上不走。躺在床上一會兒要出來喝點水，一會兒要出來上廁所，一會兒又說肚子餓睡不著，要找東西吃，睡得越來越晚，因此，他每天早上起床都特別痛苦。

我們都聽過二十天習慣理論，但對孩子來說，一個月只能初步形成一個好習慣。因為好習慣建立後，還要和生活的其他系統磨合適應，很多因素會試圖從各個不同的角度去突破它，所以鞏固好習慣需要的時間可能比我們想像得更長一點。

孩子生活中的所有事情都是有關聯的。比如，孩子晚上睡得晚，第二天起床就需要消耗更多的意志力。同時，如果孩子沉迷於電視情節，心裡總是惦記著，他躺在床上就會入睡慢。如果要將孩子準時起床的好習慣固定下來，需要快半年的時間，最少也要三個月。

這就要求父母有耐心，同時要綜合考慮生活中的其他系統來共同推進。具體來說，我們可以考慮以下這些方面。

第一，持之以恆的堅持使用同一種叫醒方式。

我們要堅持三到六個月使用同一種方式叫醒孩子。比如原本是用機器播放英語的方式叫孩子起床，最好不要因為機器壞了，或者連續幾天懶得充電，隨便找個別的先湊合一下。因為一個月的時間，孩子只是初步習慣了這種叫醒方式，還遠遠沒有到半自動化的程度。

堅持同一種叫醒方式，是讓孩子在潛意識裡越來越熟練地把特定的聲音模式和起床連繫起來，讓孩子可以不需要專門的思考和意志的努力，身體就能自動反應，準時起床，從而節省孩子的精力。

美國著名教育家曼恩（Horace Mann）說：「習慣像一根纜繩，我們每天為它纏上一股新索，過不了多久，它就會變得牢不可破。」如果說準時起床的習慣是一根纜繩，那麼每天的重複和堅持就會讓它更有力量。

第二，要同時培養準時睡覺的習慣。

人的習慣是一個龐大的體系，它像一棵大樹，有枝、有幹、有葉。準時起床雖是一種好習慣，但就像一根樹枝無法單獨存在一樣，若沒有準時睡覺，那麼準時起床就會變成一件困難的事。

對孩子來說，準時起床的需要是硬性的，因為必須要去上學。所以不管是父母還是孩子都非常重視，必須採取各種辦法克服賴床。但準時睡覺的需要是彈性的，似乎早點晚點都無傷大雅，父母實踐起來往往沒那麼堅決。幾年前，一項對小學生的調查顯示，約有百分之二十七的孩子沒有固定睡眠時間，很多孩子都是在晚上十點之後才睡覺。看來，很多父母對孩子準時睡覺並不以為然。

孩子的睡眠，關係到孩子的健康，關係到隔日一整天的學習效率，所以不能忽視。

對父母來說，一方面要對孩子有明確的時間要求，和孩子商定好上床睡覺的時間就不要改變，睡覺時間越明確，父母態度越堅決，孩子就越容易準時上床睡覺。另一方面要為孩子創造良好的休息條件，比如睡前不看電視、睡前喝一杯熱牛奶等。

我們在上文中講到的培養孩子準時起床好習慣的方法，同樣可以用到培養孩子按時睡眠上。

俗話說，一年之計在於春，一日之計在於晨。就讓孩子從早上精神飽滿、心情愉悅的起床開始，迎來每一天嶄新和豐盛的時間之旅。

第二章　比同學少寫一兩個小時作業的祕密

孩子寫作業慢是令家長最煩惱的事。網路上有個笑話說：「陪孩子寫作業，上一秒是生母，下一秒變繼母。」讓人會心一笑之餘，也感慨不已。其實只要善用時間管理的思路，結合恰當的作業方法，培養孩子養成良好的學習習慣，就能讓孩子提前一兩個小時完成作業。

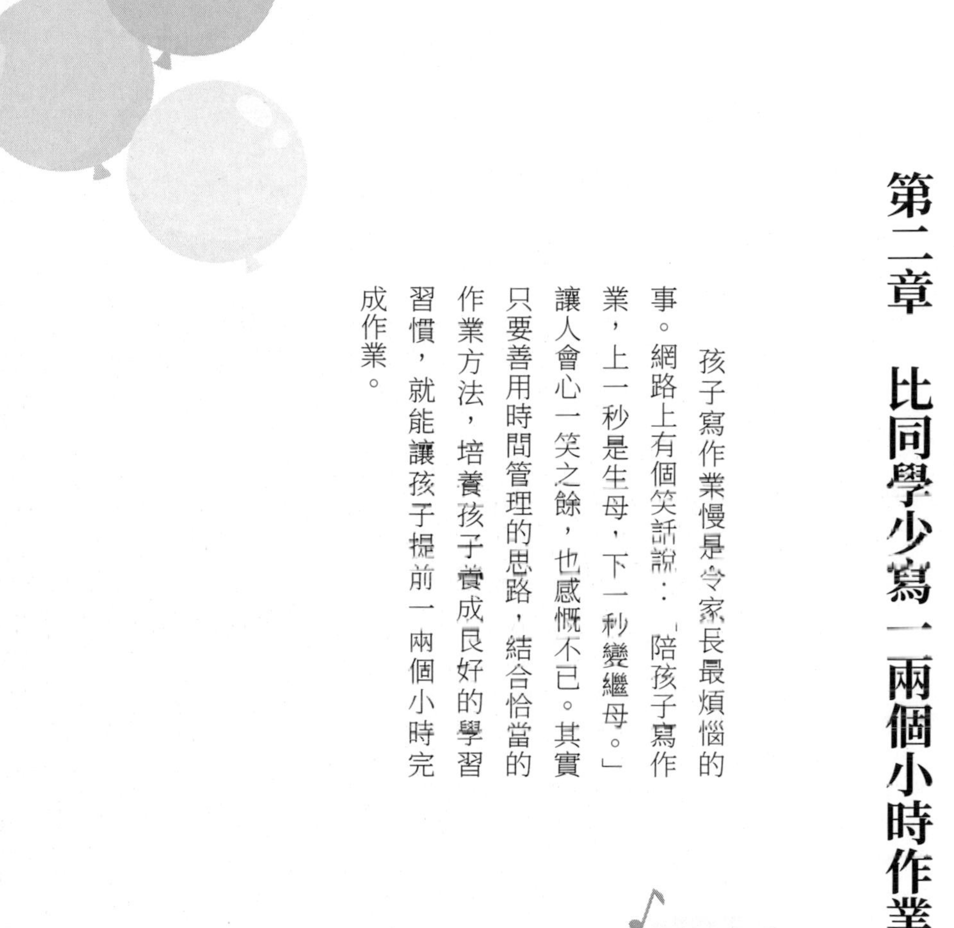

本章的重點包括如下內容。

- 「任務片」作業法：教孩子把作業切成三到四個任務片，主動提高作業速度。
- 及時回饋法：教孩子利用大腦特點，合理安排作業順序，輕鬆快樂寫作業。
- 提高課堂效率：教孩子最大化利用課堂時間，減輕課後作業負擔。
- 堅持作業不重做：教孩子了解粗心的本質，學會和粗心說再見。
- 高效時間的要素：學會給孩子提供高效作業的學習環境。
- 提高學習能力：教孩子提高學習能力，掌握讓作業又好又快的根本解決之道。

善用「任務片」，作業速度大幅提升

如果說孩子的作業是一座小山，任務片就是把這座小山切割成三到四個小土堆，每搬走一個小土堆，就讓孩子休息五分鐘。

倩倩上小學二年級，她不喜歡寫作業。每次關上門寫作業，媽媽進去一看，倩倩不是在玩鉛筆，就是在偷偷看漫畫書，還把她的黏土泥放在作業本上。媽媽對此火冒三丈，只好盯著倩倩寫作業，倩倩果然速度快了很多。但媽媽偶爾接個電話，或者去做一會兒家務，倩倩立刻就開始玩。媽媽說一項作業，倩倩就做一項，媽媽不說，倩倩就等著，一來一去，倩倩要三小時才能寫完。媽媽疲憊地想，如果倩倩不貪玩，一口氣把作業寫完該多好！

孩子不貪玩，好好寫作業，這是大人幼稚的幻想。因為玩是孩子的天性，對抗天性一定會帶來低效率。只有順應孩子的天性，教育才能事半功倍。讓孩子作業速度提升的第一個奧祕，恰恰就是：用孩子的貪玩，誘惑孩子迅速寫作業。

家長首先要承諾孩子，寫完作業就可以盡情地玩。但現在孩子的作業量很大，孩子很容易覺得這個承諾是空頭支票，寫完就得睡覺了，哪有時間再玩？孩子的內心獨白是——既然沒有希望，不如現在就玩，能玩一點賺一點。這種心態下，孩子怎麼會不拖拖拉拉呢？

任務片的本質，就是給孩子希望——只要寫完一小段作業就能玩一會兒。一個晚上的作業看起來像山一樣高，但切成小片後，就是一個個小土堆了。孩子的心態就會立刻產生變化，快速搞定這個小土堆是有希望的，正大光明地玩是有希望的。這時候，孩子的注意力就從與父母的鬥智中解放出來，集中精力到趕緊寫完作業上。

任務片的劃分，可以根據孩子作業的具體情況，三到四片最理想。學齡期孩子的專注時間大約是十五到三十分鐘，所以單個任務片時間最好控制在這個時間範

圍，太長了孩子就會感到疲倦，效率也就大打折扣了。

五分鐘的休息，可以選擇孩子既喜歡又能快速獲得樂趣的項目。比如玩黏土、陀螺、玩水、唱歌、吃幾顆葡萄、喝一小杯優酪乳、和父母聊聊天、無所事事的轉一轉等。需要注意的是，雖然只有五分鐘，但一定要讓孩子離開寫作業的書桌或者房間，獲得一種徹底放鬆、徹底休息的感覺。孩子玩得越快樂，快點寫完下一段作業的動力就越強。

有家長問，現在很流行番茄鐘工作法，二十五分鐘工作加五分鐘休息的設置，可不可以直接用到孩子寫作業上？

我的建議是，不能照用番茄鐘。對孩子來說，任務片有多重好處：一、孩子在切分作業的過程中，也會訓練到任務分解力，慢慢習得這種重要的管理能力和解決問題的能力；二、孩子在任務片中，會逐漸學會感知時間、預估時間，形成時間和任務的關係直覺，這對孩子的自我管理有很大的幫助；三、任務片的效率有保證。在玩的誘惑下，孩子快速完成一個任務片，在實現目標的過程中獲得成就感，會逐漸形成良性循環。如果用番茄鐘，有些孩子也許會磨時間，反正要寫二十五分鐘才能玩，寫一百道題也是二十五分鐘，寫十道題也是二十五分鐘，孩子只想熬時間，沒有動力提高速度，更不會體會到「完成目標」這種美妙的成就感。

還有家長問，如果孩子玩起來忘了時間，超過五分鐘了怎麼辦？

任何一種習慣的養成，都是剛開始的時候最難。家長在幫孩子使用「任務片」作業法的時候，一定要先和孩子講清楚，最好達成約定，嚴格遵守五分鐘休息制。家長一方面要用規則約束孩子，另一方面要聰明的幫助孩子。比如在這五分鐘時間裡，不要給孩子提供延續性強的娛樂項目，動畫電影、長篇故事、iPad……這些絕對不可以，因為它們除了消耗孩子的意志力，毀滅孩子對自控力的信心，導致「任務片」作業法失敗，沒有任何其他作用。要為孩子選擇那些能迅速放鬆，又盡快結束的項目。

其實最理想的狀態是全家同步——晚飯後爸爸媽媽看書，孩子寫作業，孩子休息的五分鐘，爸爸媽媽也休息一會兒，一起聊聊天，講些笑話，玩個幼稚的小遊戲，重溫一下親密的親子時光，這將會是多麼溫馨的場景！蔡笑晚先生的做法很值得我們學習，這位父親培養了六個出色的孩子，有哈佛大學教授，有集團副總裁……他是怎麼讓孩子在學習間隙放鬆的呢？他在家裡做了一個乒乓球臺，孩子學累了，就打打乒乓球。他有一把二胡，孩子學累了，爸爸拉二胡給孩子聽，讓孩子

在音樂中陶醉……

如果孩子實在想多玩一會兒，父母也不要大聲斥責，要語氣溫柔、行動堅決請他停止休息，告訴他：還想再玩？完成下一個任務就可以了呀！

作業流程對，就會好又快

孩子寫作業的流程——先寫什麼，後寫什麼，寫完後做什麼，這些都很重要。甚至可以說，作業流程裡隱藏著讓孩子又好又快寫完作業的祕密。

小明最討厭寫作業，每天放學回來，媽媽催他去寫作業，他總說：「媽媽我好餓，先吃飯再寫作業。」吃完飯，又央求媽媽說先吃個水果。過了一個小時，才來到書桌前，剛打開書包，又想喝水，還想去上廁所，結果又過去了半小時——就是不想寫作業。爸爸氣得嚴厲斥責了小明。小明擦著眼淚坐到了桌前，卻開始——玩鉛筆。

孩子寧可做各種亂七八糟的事情，連那支買來用了很久、樸素的鉛筆，也玩那麼久，但就是不肯開始寫作業。為什麼呢？

其實我們只要想一想自己，就會理解孩子了。大人也會這樣，本來要寫報告，但忍不住先去滑一下臉書，一個朋友發了霧霾照片，要買空氣清淨機，那自己也開始滑網購吧……為什麼做雜七雜八的事停不下來呢？心理學家告訴我們，這和大腦的機制有關，大腦喜歡快樂，逃避痛苦，而簡單、不耗神帶來快樂，複雜、困難帶來痛苦。哪怕無聊的快樂，也會分泌多巴胺，讓大腦興致勃勃。所以畏難和分神是普遍的情緒。

要讓孩子克服寫作業的痛苦，一個行之有效的辦法就是用一個個小快樂取悅大腦。總原則是——先少後多、先易後難、及時回饋。

比如今天國文作業比較多，數學、英語比較少，在切片的時候，可以把國文切成兩片，數學、英語各切一片。挑數學、英語中最少的那片先做。做完一片就在作業單上打個勾，爽快的玩個五分鐘。哪怕第一片只要十五分鐘，第三片要四十五分鐘，但孩子的大腦會覺得第一片做完後，已經完成了一個科目。如果作業中有難題，可以建議孩子先空下來，迅速把簡單的題目做完，最後再攻克難題。

快速完成一個科目，完成一項作業就打個勾，似乎毫不起眼，事實上卻極其重要。因為它們會給大腦回饋：又搞定了一項。這種完成的快感是讓大腦持續工作的

最好動力，會讓大腦停不下來地想去努力。

不相信？看一個例子——俄羅斯方塊。仔細想想，這個遊戲好玩在哪裡？它沒有任何意義，不同顏色的方塊掉下來，同顏色的消掉而已。也沒有成就感，因為最後總是會輸的。有人經過一番仔細的研究後，得出的結論是及時回饋帶來的快樂是遊戲核心的誘惑。

除了打勾，我們還可以給孩子提供更多的回饋。比如孩子在一個半小時內完成全部作業，就可以得到一朵小紅花。如果在一個小時內完成作業，就可以得到兩朵小紅花。每個期末，孩子可以用累積的小紅花來兌換禮物。

這些看似微小的習慣，一直堅持下去，累積下去，孩子寫作業的速度就會越來越快，越來越好，用驚人的成長來回報你的用心。

課堂效率高，作業負擔輕

作業，本質上是對孩子課堂上學習過的知識進行鞏固和複習。但越來越多孩子被作業綁架了，變成熬夜寫作業、上課打瞌睡，在課堂上學不到足夠的知識，負擔都轉移到家庭作業上。

小麗讀三年級，媽媽因為輔導她寫作業快被搞瘋了。聽寫一個單元的錯字有十多個，數學題都不太會做，要求背誦的英語課文，小麗卻唸得斷斷續續。每天作業要到晚上十一點才做完，小麗已經困得抬不起頭。早上還要早起上學，有時候連早餐都來不及吃，媽媽又心疼又無奈。老師說，小麗白天上課總是無精打采，也不積極回答問題。

但同班的小慧卻完全不一樣。小慧上課認真聽講，積極回答問題，有不懂的問題一下課去問老師。放學回家後，小麗總是很快就把作業寫完了，聽寫也只錯幾個字。晚上小麗早早睡覺，早上起床吃完豐盛的早餐，心情愉快的去上學。

一天一天累積下來，小麗和小慧的差距會越來越大，不僅在學習上，也在身體、心情、性格各方面形成差距。

那麼，怎樣才能讓孩子成為專心聽講的小慧呢？

第一，預習比複習更重要。家庭作業是對課堂知識的複習，家長和孩子都很重視，而預習卻經常被忽略。事實上，充分的預習比複習還重要，它能幫助孩子整理重點、疑點和難點。如果預習過，有理解基礎，孩子到了課堂上，對老師的講解也

會吸收更快，回答問題更自信。同時，孩子帶著疑點去聽課，會更專注，容易形成一種問題不斷得到解決的快樂，這些會讓孩子越來越喜歡學習。

預習只需要讓孩子用十分鐘左右的時間，把第二天要學的內容快速閱讀一遍，圈出生字詞、重要概念、陌生的句子，重點是讓孩子提二到三個問題，但父母不要講解。孩子第二天聽完課回來，先把這些內容再花五分鐘回顧一下，回答出自己所提問題就可以了。這個小習慣堅持下來，對提高課堂效率大有助益。

第二，培養孩子的專注力。每天五到六小時，甚至更長時間的艱苦學習，孩子始終要保持專注，如何才能做到？老師講課有趣，能吸引孩子是一個因素，但這個因素家長無法控制。家長能控制的是，讓孩子擁有進入專注狀態的能力。

孩子從嬰兒慢慢長大到少年，專注力的學習，需要家長持續的努力和克制。如果你的孩子在學習吃飯、穿衣服、搭積木、畫畫……卻搞得亂七八糟的時候，你保持了克制，沒有去嘮叨和指點，沒有去打擊和包辦，而是用耐心和欣賞，讓他在幼兒時期就體驗到了克服弱點後的滿足感，那麼恭喜你，你的孩子有很大的機率會長成小慧。

如果你當時沒有做到，那麼從現在開始，請你牢記——專注力和主動性息息相關。你可以強迫一個孩子坐在書桌前，你可以強迫他寫字、做題、聽你嘮叨，但你無法強迫他專注，無法強迫他思考。你要停止嘮叨和苛責，鼓勵他、引導他、尊重他，等待他產生對學習的主動性。

第三，讓孩子喜歡老師。如果孩子特別喜歡一個老師，就會愛屋及烏，喜歡上老師的課。為了在敬愛的老師面前好好表現，孩子會專心聽老師所講的每一句話。有些家長千方百計讓老師喜歡自己的孩子，送禮給老師，要求老師多照顧自己的孩子……但他們卻不關心孩子喜不喜歡老師，甚至還有些家長在孩子面前談論對老師的各種不滿，這根本是捨本逐末。與其「逼迫」老師喜歡你的孩子，不如把孩子培養成一個讓人情不自禁欣賞和喜歡的孩子：禮貌、好學、感恩、尊敬師長……這樣的孩子，老師怎麼會不喜歡？退一萬步說，即使真有老師不喜歡，也不會傷害到一個因充滿愛而內心強大的孩子。

讓孩子喜歡老師，真的一點都不難。孩子親近和崇拜老師，老師自然也會關愛孩子。何況，每個老師都是有優點的，有些老師敬業負責任，有些老師溫柔有耐心，有些老師聰明講課好，我們可以在孩子面前真誠的讚美老師、感謝老師。還可以告訴孩子，老師對孩子的喜歡。這些態度會一點點地在孩子小小的心中萌芽，讓

他喜歡上每一個老師，進而喜歡上每一門課程，喜歡上自己的學校。

和粗心說再見，作業不重做

在中小學，家長最煩惱的事之一，就是孩子太粗心，試卷上的題目明明都會，就是拿不了滿分。

上小學三年級的晨晨，是個粗心的孩子。他寫作業的速度很快，但是每次做完後爸爸一檢查，錯誤百出。更氣人的是，同一類型的題，昨天做是正確的，今天卻又做錯了。作業做完只花了一個小時，檢查和修改倒是花了一個半小時。晨晨的媽媽十分擔心，為什麼這孩子這麼粗心呢？爸爸更是大發雷霆，認為晨晨學習態度不端正。

粗心，是孩子前進路上的絆腳石。

我聽過很多家長埋怨自己的孩子不認真、太粗心，還有的家長一本正經地說，我可以原諒你不會，但不能原諒你粗心。言下之意就是，粗心不是個能力問題，是個態度問題。果真如此嗎？

其實不然。粗心的本質：第一是機率；第二是能力；第三是熟練度。

先說機率。從統計學上看，在所有領域，幾乎所有人都有犯錯誤的可能。優秀的乒乓球國手也可能發出一記爛球，米其林主廚也有把拿手菜做壞了的時候。孩子在學習過程中，把會做的題目做錯，完全符合機率原理。「粗心」本身沒有問題，有問題的只是粗心的程度和頻率。

再說能力。經常粗心的孩子，背後隱藏的是多種能力的不足，包括注意力不集中，資訊處理的能力不足、理解能力不強等。

在注意力上，有些孩子可以迅速進入學習狀態，集中注意力，大腦高速運轉，輕鬆抓到題目的考點，但有些孩子遲遲無法進入狀態，注意力還分散在其他事情上，對題目的要求心不在焉，又怎麼能算無遺策呢？

在資訊處理能力上，有些孩子可以看一眼試卷後，就迅速獲得資訊、理解資訊、分析資訊、處理資訊，整個過程一氣呵成，而有些孩子每次只能處理少量的資訊，題目一複雜，大腦「頻寬」就不夠用了。這樣說可能不夠具體，我們來舉個例子。比如文章分析，有些孩子讀完一遍後，直接不停筆地把後面所有的題目，不論是字詞解釋還是句子分析，全都一口氣就寫完了。事後問他，他覺得題目很簡單，

問題的答案都在文章裡，已經在前文讀過了。但有些孩子就不一樣，他讀完一遍，在做題的時候仍覺得毫無印象，又回去到處找答案，還經常找不到。這就是資訊處理能力的差異。

理解能力也是一樣。同樣一道數學題，有些孩子可以寫出很多解法，有些孩子卻只能依照老師教的解法解題，這是因為孩子對這道題的理解程度深淺不一。我們的教育習慣，大多時候只滿足於灌輸，如果孩子自己不主動去深入思考，那麼他透過聽課和簡單的作業所收穫的，多數是大量依賴於記憶的表面理解。理解不深刻，條件稍有變動，就容易被迷惑，產生「粗心」的效果。

最後說熟練度。當我們對一件事足夠熟悉的時候，犯錯的機率就會大大下降。賣油翁能把油從銅錢的小方孔裡徐徐倒入，銅錢一丁點都沒溼，道理很簡單——但手熟爾。孩子的學習也是一樣。一個在題海裡備受磨練的孩子，他熟諳各種解題套路，自然能避開各種陷阱。從熟練度的角度，去解決「粗心」的問題，正是我們當前教育的主要思路。只不過父母和老師都需要斟酌，這是不是唯一的、全方位的解決方案。

現在我們把粗心的本質認識清楚了，那麼如何幫助孩子解決粗心的問題也就應該心中有數了。

第一，在生活中訓練孩子的專注力。孩子的專注力是有選擇性的，在自己喜歡的事情上，可以待幾個小時，在自己不喜歡的事情上，卻一分鐘也不能忍，這是很正常的。父母只需要觀察孩子進入專注狀態的方式，並逐步轉移到學習上就好了。他是喜歡互動，還是喜歡及時回饋？是喜歡刨根問底的探尋，還是喜歡動手的樂趣？是喜歡勝利的喜悅，還是在挫敗中激發反擊力？我觀察過幾個孩子，他們進入專注狀態的方式截然不同。有個小男孩喜歡問為什麼，拋給他一個問題，再慢慢告訴他答案，他就會很興奮，不停的問為什麼。而有個小女孩就相反，她討厭聽別人講，但十分熱愛做小實驗、小藝術品，享受失敗、反覆失敗最後成功。這個過程她可以一做就一兩個小時。

第二，反覆推敲錯題，確保孩子深入理解。每一個錯題都是機會，幫助你發現知識大堤上的小漏洞在哪裡。所以不要只是滿足於把錯題改正了，而是應該引導孩子去追溯思考問題的過程，詳細地寫出解題過程，揪出還沒弄明白的問題。為什麼同樣的題目，孩子有時候做對，有時候卻做錯呢？答案不是粗心，而是理解不透澈，所以思路模糊不清，如果條件簡單勉強能答對，但條件一旦變得複雜就錯了。

整理思考過程，把重點徹底搞清楚，才能真正解決問題。

第三，刻意練習，提高孩子的資訊處理能力。我們可以把孩子的資訊處理能力拆解為幾個環節，然後一個個有針對性地進行練習。獲得資訊需要的是閱讀速度，別無他法，只有大量輸入、大量累積，讀得足夠多，才能讀得足夠快。理解資訊需要的是閱讀深度，這就需要父母經常和孩子討論，引導孩子對讀過的書做總結。分析資訊需要的是思考能力，鍛鍊思考力最好的辦法是多問為什麼，在現實生活中，在和孩子聊天、旅遊中，對於所見所聞，要多詢問孩子的看法，以及他為什麼這麼看，訓練他思考能力。處理資訊需要的是執行能力。比如詩詞落實到默寫上，就是執行力；數學題驗證到每個步驟的正確上，就是執行力；閱讀題理解到徹底明白來龍去脈上，就是執行力。

第四，在基礎能力上，保證孩子的熟練度。我極其反對題海戰術，但在一些基礎能力訓練上，卻主張必須保證熟練度，比如語文的閱讀，必須大量閱讀才有語感。比如數學的計算，天天練習，孩子對數字的敏感度才會保持和成長。英語的聽寫，也必須有大量的練習才能形成基礎語感。這些都是必須要下苦功的，沒有捷徑可走的。

只有我們從這些方面努力，去提高孩子各方面的能力，孩子才不會被「粗心」的魔咒束縛，在越來越難的課業中陷入泥潭，節省出寶貴的時間去發展自我。

一間安靜的房間，一張乾淨的書桌

很多家長問我，對孩子來說，寫作業的環境是否重要？我的答案是，很重要。

小叮噹的媽媽一直堅持這種想法：孩子最好在客廳寫作業，這樣方便自己一邊看電視一邊監督孩子寫功課。什麼？你說看電視會影響孩子？讓孩子在客廳寫作業，這樣還能順便鍛鍊孩子不受環境干擾的專注力呢！可謂一舉數得。可惜小叮噹的表現讓媽媽很失望，他總是寫幾行字就偷瞄幾眼電視。一發現媽媽看電視入了迷，就開始偷懶。媽媽發現後大怒，母子倆開始爭吵，一來二去寫作業的時間越來越長。

小十月的媽媽正好相反，小十月寫作業的時候，媽媽什麼都不做，就只坐在身旁陪她，而且媽媽還要求所有家庭成員在這段時間都要保持安靜。不要說看電視了，哪怕是從小十月門前經過都要躡手躡腳的。媽媽盯著小十月，她做完一項作

業，媽媽檢查一項，然後接著下一項。媽媽很辛苦，小十月也不輕鬆，除了依媽媽要求不停地寫，還要緊盯著媽媽動向，一旦瞄到媽媽有點走神，便立刻開始玩鉛筆、尺、橡皮擦……任何桌上能看到的東西，所以小十月的作業效率也不高。

父母痛心疾首，孩子苦中作樂，最後卻是一種雙輸的局面，大家都累。那麼父母該不該陪孩子寫作業呢？到底什麼樣的環境才最適合孩子寫作業呢？

父母陪孩子寫作業，不應該成為常態。因為當父母坐在孩子身邊，盯著孩子寫作業的時候：一方面是暗示孩子，作業不是他自己的事，父母也有份，這容易形成孩子的依賴心理；另一方面是暗示孩子，他的能力和責任心都不值得信任，需要人監督。無論從哪個角度看，都是在摧毀孩子的獨立性和主動性，摧毀孩子自我管理能力發展的基石。

正確的做法是，在孩子剛入學、對作業的規則不太了解的時候，家長可以給予指導。一旦孩子熟悉了如何寫作業，父母就應該慢慢放手。

如果孩子已經養成家長不陪就無法寫作業的習慣，父母更應該多用一點智慧，幫助孩子逐漸學會獨立完成作業。比如說，可以先鼓勵、表揚孩子作業上的進步，表示他已經有了獨立寫作業的能力。然後和孩子約定，讓孩子獨立寫完一個科目的作業或完成一個任務片，然後父母再來檢查。慢慢過渡到，孩子全部完成作業，父母再檢查，最後變成孩子完全獨立寫作業和自己檢查作業、整理書包。這個過程中，父母一定要有耐心，對孩子出現的各種疏漏表示理解和忍耐，做到關心但不干涉，提醒但不指點。對孩子出現的反覆，也要充分理解，多多鼓勵，一點點地讓孩子完成獨立。

當然，在這個過程中，孩子的作業環境非常重要。

孩子寫作業，無須像小十月那樣，全家人的正常生活都受影響，但更不能像小叮噹在電視機旁寫作業。小叮噹媽媽的結論是站不住腳的。首先，在看電視的媽媽旁邊讀書，比在市場讀書難度大多了。在市場讀書能夠讀進去，因為周圍發生的事和你沒關係，注意力集中到讀書上相對容易。但如果是熟人、朋友在身邊講話，就不可能專注讀書了，因為他們和你有太多關聯，注意力一下就會被拉過去。其次，我們必須承認，世界上大部分小孩都是平凡的小孩，不能按照偉人的方向和標準去培養。

我們要給孩子一個好的作業環境。就像培養一株植物需要陽光、土壤和空氣，而不能只靠一個良好的願望。創造一段高效的作業時間，需要時間、地點、物品、

環境、身心、他人六個方面的良好條件，而不能只靠給孩子一個簡單粗暴的命令。

我們詳細的進行闡述。

(一) **時間**。如何安排作業時間，我們在前面已經詳細介紹了「任務片」作業法，以及先少後多、先易後難、及時回饋的作業順序，這裡不再贅述。

(二) **地點**。請給孩子一個獨立的、安靜的房間。孩子在自己的房間裡，可以自由安心地放鬆，也可以全力以赴地奮鬥。這是他的戰場，他的舞臺。關起門來，就可以是一個獨立的不受打擾的天地。如果沒有條件給孩子一個房間，那麼至少給他一個獨立的空間，一張完全屬於他的書桌。

(三) **物品**。你是否提醒過孩子在寫作業之前，準備好足夠的鉛筆？你的孩子是否養成一種良好的生活習慣？文具是否已準備齊全，而不是寫作業的過程中才發現沒有筆芯了？作業是否有序地擺放在手邊，而不是散落滿地？

(四) **環境**。孩子寫作業的時候，他的書桌應該是乾淨的，而不是布滿了刺激碎片。如果孩子的書桌上放滿了玩具汽車、水果造型橡皮擦、顏色鮮豔的尺，它也許是一張漂亮的書桌，但卻不是適合寫作業的書桌。想想自己吧，當你在致力於減肥的時候，卻發現面前擺滿了各種好吃的零食點心，隔壁飄來炸雞和泡麵的味道，這些刺激對你努力完成的目標會是好事嗎？己所不欲，勿施於人。讓那些好玩得不得了的玩具遠離孩子的書桌，你可以把它們放在其他地方。

（五）**身心**。學齡期的孩子正在發育，如果餓著肚子寫作業，很難有高效率。他是否吃飽喝足了，不餓也不渴？他是否情緒良好，有沒有一些從學校帶回來的心結或對父母的不滿？有時候，情緒不佳也是時間的小偷，孩子在憤怒、悲傷、害怕等情緒中會出現心神不寧，無法集中注意力。更重要的是，這些壞情緒影響孩子的身心健康，必須及時察覺和紓解。

（六）**他人**。父母需要做什麼？建議父母在孩子寫作業的時候，輕鬆地做自己的事，看看書或者做家務，甚至和朋友聊天都可以。但建議父母不要長時間看電視、玩手機，更不要在家打麻將。父母是孩子的榜樣，孩子是父母的鏡子。父母覺得工作一天了很辛苦，要娛樂可以，但一邊看電視打麻將，一邊催促孩子去寫作業總是有點欠缺說服力。孩子何嘗不是辛苦學習了一天，然後回來寫作業呢？設身處地站在孩子的角度想一想，全家人一起讀書寫作業，然後聊天、玩遊戲，該是多麼溫馨幸福的場景！

閱讀能力強，治標更治本

從長遠的眼光來看，能長久提升孩子寫作業速度和品質的，是孩子良好的閱讀能力。

小蘭是個學習認真的孩子，非常聽老師的話，每天都能準時完成作業。在一二年級的時候，她每次考試都能拿滿分，但從三年級開始，學習上就感覺越來越吃力了。寫作文總是沒靈感，想半天都無法動筆。數學應用題的難度也越來越大，小蘭完成作業的速度和正確率也在下降。最近一次考試，甚至出現了題目做不完的情況。小蘭的媽媽很著急，但又覺得孩子已經盡力了，只能安慰自己說，也許自己的孩子不是那麼聰明，只好勤能補拙，讓孩子多做點題，多上幾個補習班應該就好了。

小蘭媽媽的願望是良好的，但做法卻是不好的。人和人之間最小的差距，就是智力的差距，聰明、反應快並不是學習好的主要條件。相反，一項調查顯示，大部分第一名的智商只在中等程度，也就是IQ九十到一百一十，只有很少部分在中上程度，IQ一百一十到一百二十，超常的是極少數。這些孩子之所以能在激烈的學習競爭中勝出，所靠的並不是高智商，而是良好的學習習慣，超高的學習效率，而這一切的基礎，都是閱讀。

閱讀對孩子的滋養是多方面的。

第一，閱讀可以提高語言理解能力，直接有益於學業。尤其是國文、英語和數學中的應用題。

著名教育學家蘇霍姆林斯基（Vasyl Sukhomlynsky）常年研究有關青少年的閱讀，他針對閱讀和學業的直接關係提出了深刻的分析。

他說：「三十年的經驗使我深信，學生的智力發展取決於良好的閱讀能力。」他指出缺乏閱讀對學業發展的重要影響：「為什麼有的學生在童年時期聰明伶俐、理解力強、勤奮好學，而到了少年時期，卻變得智力下降，對知識的態度冷淡，頭腦不靈活了呢？就是因為他們不會閱讀！」相比之下，「有些學生在家庭作業花的時間並不多，但他們的學業成績卻不差。這種現象的原因並不完全在於這些學生有過人的才能。這常常是因為他們有較好的閱讀能力。而好的閱讀能力又反過來促進智力才能的發展。」

對此，他提出了解決方法：「讓孩子變聰明的方法，不是補習，不是增加作業量，而是閱讀、閱讀、再閱讀。」

第二，閱讀可以拓展孩子的視野，豐富孩子的知識，為孩子在更高年級的高效學習奠定基礎。

通常國文老師比較重視閱讀，因為閱讀和語文程度的關係是顯而易見的。有些老師會把每天閱讀二十分鐘作為一項作業，這是一件很好的事。

但閱讀對其他學科的意義，我們還不夠重視。比如在小學階段，數學相對簡單，主要是關於數字、圖形的一些基本概念和基本運算，學習方法上主要依賴大量重複的做題訓練。但升上國中，就會迅速過渡到一些抽象的數學思維和概念上，而且物理、化學、生物等科學課程也會出現。要真正學好科學課，並且越學越好，越學越脫穎而出，根基一定要深厚。那些很早就開始大量接觸科學繪本、科學書籍和科學讀物的孩子，非常容易產生對科學知識的興趣，他們能迅速把課本上的理論和課外的新概念、新規律結合在一起，建立起自己的知識體系，理解得更透澈，應用得更得心應手。

換言之，善於閱讀的孩子，隨著升上高年級，學習難度的增加，他們會表現得越來越優秀。而不善於閱讀的孩子則恰恰相反，他們可以憑藉熟練度在低年級表現優異，但會漸漸感到力不從心。

第三，閱讀可以提高孩子解決問題的能力，讓孩子逐漸成長為一個自我教育的人。不管是文學類的，還是科學類的書籍，都為孩子展現了一幅不同於日常生活、更廣闊的世界圖景。孩子在書中暢遊，會認識形形色色的人，面對各式各樣境遇和問題，做出天差地別的選擇，帶來截然不同的結果。

孩子看得夠多之後，他的大腦裡就形成了巨大的資料庫，當類似的問題出現的時候，他就不會手足無措，因為他有間接的經驗，他會去運用大腦的資源，去連接各個領域，去觸類旁通的思考和解決問題。當問題得到解決的時候，他又可以總結經驗，去修正和補充自己的資料庫。在這種直接經驗和間接經驗的互相驗證、互相補充中，不但他的思考能力越來越精細，他的行動能力也越來越完善。

這才是真正的學習，學以致用、自我發展。

當然，父母更想問的是，閱讀很重要我們懂啊，但一是沒時間，二是孩子不願意讀，這兩個問題怎麼解決？

在回答這兩個問題之前，我要先長嘆息。因為這兩個問題之所以會冒出來，不是孩子的問題，是家長的問題。如果你在孩子零到六歲的時候，重視孩子的閱讀，孩子在上小學之前，已經擁有了較快閱讀速度、良好的閱讀習慣和濃厚的閱讀興

趣，你根本不需要再問這兩個問題了。因為孩子會主動找出各種碎片時間去閱讀，讀得多所以讀得快，而讀得快之後就會越讀越多，形成良性循環。

但如果你之前沒有重視，在孩子學齡期才開始面對這個問題，自然就要多費點心了。

一．如何擠出閱讀的時間？

第一步，建議家長先寫出孩子詳細的日程表，看看孩子的時間究竟去哪兒了。通常，在補習班、作業上是花最多時間的。雖然你寫得足夠詳細，但你仍然會發現，除了作業和補習班，還有很多時間白白流逝掉了。

第二步，建議家長看一下，作業和補習班是否真的需要那麼多時間。

有些家長說，一二年級的作業都需要寫三個小時，瞧瞧那十幾項的作業項目就知道了。我建議家長找時間做個小實驗，自己坐下來，在完全不受打擾的安靜環境裡，把你的孩子一整天需要寫的作業從頭到尾做一遍，你會發現，哪怕是一個生字抄五遍，再做一張試卷、算兩頁數學題，抄十個英文單字，所有要寫的作業加起來，你也會很快搞定。不要說孩子的程無法和大人比，小學生的作業多半都是體力活，長期用電腦的我們寫字不一定比孩子快。把你的時間和孩子的時間一減，就是你的努力目標。要實現這個目標，請使用本章上幾節介紹的各種方法。

除了要寫的作業，孩子還會有一些讀的、背的作業。那些作業就不要坐在書桌前浪費時間了。送孩子上學的路上、接孩子放學的路上、與孩子下樓去運動的路上、在孩子洗頭洗澡的同時、在孩子換衣服準備睡覺時，這些讀讀背背的就可以順便完成了。

只要你真正重視，真正用心，總是能擠出時間的。

補習班的問題，我們會在下面的章節詳細去講，如何省時又高效地利用好補習班。

二．如何引發孩子閱讀的興趣？

孩子越小，讓他愛上閱讀就越容易，無須任何技巧，你只要津津有味的看書，並講故事給孩子聽就可以了。

但如果孩子已經上小學了，又不喜歡看書，怎麼辦？我建議從兩個途徑入手。

一個是正向遷移。

課外閱讀要去任務化，如果孩子被迫讀書，卻備感煎熬，那麼閱讀並不會達到真正的作用。所以我們要從孩子的興趣入手。孩子的興趣是五花八門的，有些小孩愛汽車，有些小孩愛動物，有些小孩愛絨毛玩具……但幾乎所有的小孩都愛聽故事。我們可以講故事給他聽，講著講著自己也想不起來了，就跑去看書，讀給他聽。這是一個需要漫長、耐心的過程，在十次、百次、千次的重複中為孩子建立一個認知：書裡有你感興趣的美好世界。

在此之前，最難的是搞定兩個前提：一個是家長您自己有這個認知嗎？另一個是您真正了解自己的孩子嗎？如果你自己都沒有這個認知，那恐怕很難去感染孩子，很容易三天打魚，兩天晒網。如果您無法真正了解自己的孩子——包括他的興趣領域、接受新事物的方式、思考習慣、情緒變化曲線，那恐怕很難讓孩子乖乖配合。

另一個是激發成就感。

父母要創造條件，讓孩子展示他從書裡看到的知識，並給予他鼓勵。比如孩子讀了一本科學讀物，你可以不經意地表示對某種現象的疑惑，引導孩子解釋，當他解釋完，你表現出恍然大悟的樣子，孩子就會獲得成就感。

父母假裝示弱，是培養孩子成就感的起點，但不是終點。當孩子對閱讀產生興趣之後，你會發現孩子知識更新的能力令人驚嘆，父母如果不加緊學習，那就不是示弱了，而是真的趕不上孩子成長的腳步了。當然，這種結果父母也會喜聞樂見的。

和示弱相反的是父母逞強，居高臨下的指導孩子，那將是扼殺孩子成就感、培養一個平庸孩子的最好方法，這種方法人人都能無師自通，卻需要為人父母的我們，用理性努力克制。

第三章　補習不是時間黑洞

從小學到高中，補習班都是很多孩子不得不去的地方。家長一方面覺得補習班上課和寫作業占用了孩子太多時間，另一方面又害怕不補習孩子在各方面會落後，所以左右為難。在這一章，我們從時間管理的角度，提供一些科學選擇補習班的原則和方法，讓補習成為孩子成長的美好助力，而不是吞噬孩子時間的黑洞。

本章的重點主要包括以下內容。

- 選擇補習班的原則：不比較、不求全，從孩子的優勢、興趣、時間、意願四個節點去認真評估。
- 核心學習能力：孩子的核心學習能力包括專注力、思考力、邏輯力和解決力，想好好利用補習班，就意味著要把補習作為點燃這四種能力的火種。
- 補習的延展性：補習應該和課堂、家庭、自然、閱讀和旅行結合起來，共同構造孩子的立體經驗體系。
- 補習的有效陪伴：家長不該是提款機和監工，而應給予孩子理解、支持、陪伴和引導。
- 互促的藝術：不同補習班相互促進，實現學習效率最大化。

選好補習班，幫忙不添亂

很多家長在孩子剛出生的時候，都主張快樂教育，認為孩子的童年應該多玩耍，快樂的度過。但隨著孩子進入幼稚園、小學，他們卻逐漸開啟了補習模式。

婷婷是個小學三年級的學生，她的行程表比很多大人還要緊湊。每週有三天晚上，從學校回來後要補習，分別是音樂、乒乓球和畫畫，回家寫完作業還要再練會琴。到了週末就更忙，除了鋼琴、英語外，還有舞蹈。媽媽說，看到女兒這麼忙自己也很心疼，但是沒有辦法呀。畫畫是孩子的興趣，舞蹈已經學了三年放棄太可惜了，鋼琴和英語是必要的啊，現在哪個孩子不學這三樣啊？乒乓球是硬擠出來的時間，孩子總得運動吧。雖然已經學了這麼多，但仍然有一些很重要的沒有學，比如作文課、樂高課，試聽的時候孩子表示很喜歡。婷婷媽媽唯一煩惱的就是時間。學校作業、補習和練習，占掉了孩子幾乎全部玩樂的時間，孩子還不到十歲，每天卻只能睡七八個小時。

婷婷媽媽的情況並非特例，週末在各個補習班奔波，已經成為中小學生的常態。父母們傾盡時間精力和金錢，陪著孩子上各種補習班。家長的心聲是：我們也不想孩子這麼累，可是沒辦法。孩子的心聲是：太累了，我想休息，我想玩。

補習，最大的成本是孩子的時間。很多家長認為這個時間花費是值得的。如果我沒有能力送孩子去讀國際學校，那麼只能狠心剝奪孩子快樂的童年，他才不會有一個卑微的成年。只有補習，我的孩子才能擁有更多及更好的教育資源，在殘酷的競爭中占據主動，最終突破階級差距，有一個比我更輝煌的人生。這個信念越堅定，家長越「狠心」，因為說服自己的是誠摯深沉的愛，是對未來的期許和恐懼。

不但孩子犧牲，家長也陪著犧牲——補習也是需要花費家長很多金錢，很多時間精力的。

我和很多這樣的家長交談過，他們的煞費苦心讓人既感動又感慨。從理性上說，我們都明白，成年人是常態分布，有富者，有普通人，有窮者。孩子也是常態分布，有學霸，有學渣。富者和學霸是較稀少的，大部分的成年人和孩子都是普通人。但我們很難接受幾個基本事實：第一，大部分孩子都是普通人，我的孩子是其中之一；第二，做一個優秀快樂的普通人，不悲慘也不卑微；第三，我們不應該把自己的期待和恐懼投射到另一個人身上，哪怕他是自己的孩子。

這裡其實有很深刻的文化心理。在我們的文化裡，十分看重「志向」，我們在骨子裡和血脈裡相信的是「王侯將相，寧有種乎」，堅守的是「窮且益堅，不墜青雲之志」，讚美的是「朝為田舍郎，暮登天子堂」。逆襲，是我們永恆的夢想。我覺得這種心理，用在自己身上是很好的，激勵我們努力不懈的奮鬥，不屈不撓地實現自己的願望。

但很可惜，在我們的文化裡，還有另外一種很奇葩的心理，叫做「共生」。一種人喊：我不成功沒關係，我還有兒子！我的兒子飛黃騰達了，我就有面子了。一個人考上了狀元，要給他的父母封虛銜，這個人被稱為「光宗耀祖」。另一種人喊：我兒子不成功沒關係，我成功！我兒子何必奮鬥，他想做什麼就做什麼，我有本事養子孫幾輩子，這叫做「祖輩餘蔭」。傳統社會裡，這兩種人，分別代表底層社會和上流社會，都深深迷戀著共生。當今時代，出現了大量的中層階級，他們最焦慮，因為有雙向的共生：我有能力讓孩子過有品質的生活，但我沒有能力讓他有尊嚴的一輩子。我目前的發展還算可以，但也談不上鶴立雞群，我需要孩子的成績和未來替我加持，讓我有光榮。

兩種文化心理交纏在一起，讓我們以愛為名，理直氣壯地忘記了一個基本常識：孩子是另外一個人，他的人生不是我的。我的希望和恐懼，他沒有義務承受。

為孩子選擇補習班的第一個原則是：不比較，立足於孩子的需要，而不是為了排解家長的焦慮。

尤其是在升學的關鍵時刻，家長很容易產生焦慮，情不自禁地四處打聽，別人上了什麼課，別的孩子會什麼，一旦自己孩子在某一方面顯得技不如人，就立刻逼迫孩子去補習，希望孩子盡快消滅這個「汙點」，用最短的時間「趕上去」。但這樣做，並不是真的為孩子考慮，只是舒緩了家長「必須盡快做點什麼」的焦慮。如果我

們真的為孩子考慮，那麼報一個補習班需要很多步驟。

第一，我們需要很長時間的耐心觀察，綜合評估自家孩子的興趣、特質、時間等條件。

比如學樂器。先評估我的孩子是否適合去學樂器。有些孩子喜歡安靜欣賞音樂，有些孩子喜歡隨著音樂起舞，有些孩子情不自禁地去撥弄家裡的樂器，那麼第一個孩子是否更適合去學樂理，第二個孩子適合去學舞蹈，第三個孩子適合去學樂器。接下來繼續評估，孩子適合什麼樂器？我們需要帶孩子去大量試聽，讓孩子感受他喜歡什麼，是鋼琴、小提琴、架子鼓還是吉他？接下來還要評估，我的孩子適合在什麼時間點去學？也許我的孩子非常喜歡鋼琴，但是他的手指靈活性發展得還不夠好，那麼我是不是應該和孩子商量，我們先玩半年樂高積木，再去報鋼琴班？接下來我們還需要評估孩子喜歡什麼樣的教學方式。我見過一個小女孩，媽媽帶她學了半年的小提琴，她只有第一個月興味盎然，但之後就一直痛苦不堪，哭鬧著說不喜歡，每次送去上課都是一場戰爭。媽媽精疲力竭，差一點放棄了，後來另外找了一個老師，小女孩又開開心心去上課了。後來小女孩告訴媽媽，前一個老師嚴格要求音準度，有一個音不準就得反覆練，而後一個教師鼓勵先拉完一個完整的曲子，再慢慢練音準度。

我們特別要提醒的是，一定要遵循孩子成長的時間規律。人的心智思維發展有自己的節奏，心理學早期最成功的智力測驗就是用智齡來表示的。打個不嚴謹的比喻，一個九歲的孩子能秒懂的數學題，一個五歲的孩子可能花費幾個小時還是搞不懂。讓一個五歲的孩子呆呆地坐在那裡，磨損信心，承擔時間的機會成本，去學一些他四年後只需要幾分鐘就能學會的知識，這是多麼糊塗的做法啊，可惜很多家長仍在苦苦堅持著。

第二，我們需要和孩子討論和商量，把多數決定權交給孩子。

各式各樣的補習班，大概可以分為幾種類型：興趣型的，如鋼琴、聲樂、美術、舞蹈、柔道、羽毛球、圍棋等；輔導型的，如珠心算、英語、作文等；補習型，比如考前衝刺班、數學加強班等。

興趣型的，我們當然要和孩子商量。才藝班意味著孩子要花費大量額外的時間精力，如果孩子有興趣又願意學，那麼這些時間就可以歸入休息娛樂時間，孩子會覺得是在放鬆，在娛樂，是緊張學習生活的有益補充。如果孩子沒興趣，那麼這些時間要歸入煎熬時間，比學習還要煎熬。學習是孩子必須的成長任務，孩子煎熬一

下也就罷了，沒有興趣的才藝班，又不是人生主線，孩子有什麼義務要忍耐呢？

有關於課後加強班，我們也需要和孩子商量。如今家長逼迫孩子上珠心算、上英語、參加各種競賽，孩子並非我們想像的只是屈從。孩子們在學校中互相競爭，互相影響，他們幼小的心靈對成績的敏感、對勝利的渴望、對榮譽的熱切都是很強烈的。一方面渴望自由、盡情的玩耍，另一方面渴望得到尊重和肯定，這是學齡期孩子隨時存在的衝突，這個衝突不僅存在於孩子和家長之間，也存在於孩子的幼小心靈中。

著名心理學家艾瑞克森（Erik Homburger Erikson），把學齡期的孩子這個階段，定義為「勤奮對自卑的衝突」，這個階段孩子的核心任務就是學習，他們既有學習的能力，也有學習的願望。他們需要「體驗以穩定的注意和孜孜不倦的勤奮來完成工作的樂趣」。

身為家長，我們除了意識到孩子需要玩耍，還需要意識到孩子願意學習，孩子有能力主動做出去學習的決定。我們常犯的錯誤是高估前者，而低估後者，所以把自己放在了孩子的對立面。我們擔心孩子無法做出正確的決定，所以搶先一步為孩子做出決定。我們甚至不願意好好和孩子解釋，要用掉他大量時間的補習是出於何種考慮。這樣做的後果我們已經看得很清楚。有的孩子憤怒地反抗，因為他的自由意志被剝奪而叛逆。有的孩子麻木地順從，敷衍塞責地讓補習變得沒有效率，進一步大量侵占下課後的休息時間，造成越來越惡化的「沒時間」。

所以，得到孩子的承諾，得到孩子真心的認可，非常重要，它關乎學習效率，關乎單位時間的價值。我建議家長可以坦然地和孩子討論課後班和補習對於升學的意義，坦然地分析利弊。當我們在各方面都顯示出對孩子上進心、判斷力、分析能力的尊重和信任時，孩子的懂事會一次又一次震撼我們的心靈。

第三，我們需要事先和孩子約定，家長保留百分之十到百分之三十的決定權。

孩子自己的心意無比重要，但任何人都會犯錯，尤其孩子的心智還不是很成熟。如著名教育家盧梭所言──「在教育中要把孩子看成是孩子，在他們的心靈還沒有具備種種能力前，不該讓他們運用他們的心靈，因為它還處在矇昧的狀態時，你給它一把火炬，它仍是看不見的。」所以我的建議是：在任何事情上，身為監護人的權力，家長保留百分之十到百分之三十的決定權。如果這是一個早就說好、不斷強化的契約，孩子不會覺得是一種剝奪。

當然，家長也要慎重使用這個權力，千萬不要因為孩子通情達理就得寸進尺，

否則就會喪失孩子的信任。

為孩子選擇補習班的第二個原則：不求全，精準針對孩子的優勢。

當我們種下一粒種子的時候，我們不會期望它既有桃花的豔麗，又有百合的雪白，還要有柳樹的碧綠，也不會期望它既有桂花的甜香，又有玫瑰的馥郁，還有蘭花的清幽。因為我們深知，這樣的期望違背常理，是反邏輯的。

但當我們養育一個孩子的時候，我們常常忘記了這個常識。我們希望他既灑脫又細膩，既專注又外向，既感性又理性，既謙虛又愛表現，既超凡又合群，既會背答案又有想像力，既乖巧聽話又獨立思考……我常常聽到有家長說，我的孩子很愛看書，常常一看幾個小時，但他不喜歡表現，讓他上臺唱個歌都不願意，不行，我要幫他報個演講課。有家長則說，我的孩子很活潑，愛唱歌跳舞，跟朋友們玩得很開心，而且非常有創意，但就是坐不住，不行，我要幫他報個圍棋班。

這時候，我常常感嘆。為什麼當我們當了父母，就會變得如此缺乏常識了呢？我們看那些成功人士，就會發現他們的共同點不過是最樸素的勤奮與專注，而那些閃閃發光的特質，通常是矛盾的。我們看看身邊成功優秀的朋友，他們也都不是完人，有人擅長思考，有人擅長決策，有人擅長分析，有人極具投資眼光早早實現了財務自由，有人生活優雅，婚姻幸福孩子懂事……他們不見得都會唱歌跳舞，他們不過是找到了自己擅長的、喜歡的，並做到了自己的極致。

那麼問題來了，我們為什麼覺得，讓孩子上繪畫班、圍棋班、作文班、讀經班、演講班、英語班、創意班……就可以讓孩子的缺點變優點，優點變亮點，就此一步步走向人生的巔峰呢？這是何等一廂情願的幻想啊！

孩子的時間是非常珍貴的。如何妥善運用時間，決定了孩子的未來。如果家長對補習的問題沒有清晰的認知和精準的規劃，把孩子的時間都浪費在能力培養的相互抵消上，今天拆了東牆補西牆，明天又拆西牆補東牆，只能讓孩子淪為庸常。

正確的做法是把孩子的時間用在刀刃上，具體來說，我們需要掌握以下兩個要點。

第一，宜少不宜多。

孩子上幾個補習班比較合適，我們無法給出一個具體的數字，因為如今學齡期的孩子差別太大了。一些經驗豐富的小學老師和我聊起，說十幾年前，孩子們要到五六年級才會顯露出學業程度上的明顯差距，如今，孩子們在二三年級就已經在學

業能力上相差很大了。對補習來說也是一樣，有些孩子上了五個補習班仍然悠閒輕鬆，有些孩子上三個補習班就已經精疲力盡了。

所以家長要評估孩子的自身情況來確定上幾個補習班，切忌「貪多嚼不爛」。

在評估的時候，首先要考慮課業程度。如果孩子在學校的課業已經非常吃力，我們還要讓他去學畫畫、學鋼琴、學圍棋、學街舞，把大量時間分散到不同領域，這是非常不理性的。要知道，對孩子來說，在學校的表現是他的信心來源。對學齡期孩子來說，學習是他的主要任務。如果學業上遇到困難，家長應該靜下心來，研究孩子的不足，是理解能力不夠，閱讀速度慢，還是概念掌握不到重點？在保障他正常學習之外，拿出一點時間培養孩子欠缺的核心能力，而不是不斷重複應付作業、補習等機械的行為。

其次，要考慮孩子的休息和玩耍時間。玩耍不但是孩子的天性，還是孩子心理能力、社交能力發展的必要途徑。吃好睡好更是世間所有生靈健康成長的基礎，不能短視的隨意壓縮。

最後，要考慮孩子的閱讀和休閒時間。世界對孩子的評價都可以是當下的，老師、朋友、父母的同事朋友都可以在某一個當下看孩子，因為他此刻表現好而讚揚和羨慕，因為他此刻表現差而同情和輕視，但父母為孩子的考慮卻應該是著眼未來的。不要為了當下一分兩分的成績差距犧牲未來，不要為了當下的毀譽忘記未來，要扎實地打好閱讀基礎，耐心地順應孩子成長的節奏，培養終身學習、主動學習的好習慣，這些至關重要。因為不管世界如何喧囂，不管教育資源搶奪大戰如何激烈和提前，孩子都有漫長的一生需要幸福快樂地度過，絕對不是考上大學就可以功德圓滿。

第二，宜揚長不宜補短。

尺有所短，寸有所長。這是一個樸素的真理，可涉及孩子，很多家長就忘記了。有一個男孩從小就對數學非常有天分，名校畢業，是名出色的會計師。但他的父母覺得，我的孩子讀了這麼多書，這麼優秀，如果當公務員豈不是很容易就當大官了，於是不斷逼迫他考公務員。最後，他「如願以償」考上了，卻鬱鬱寡歡，更不得志。

因材施教，是教育的核心規律。

除了天生的基因表達，孩子的成長環境也催生了孩子不同的優勢。一個對色彩

敏感度高的媽媽，每天為女兒的穿搭配色，孩子從小耳濡目染，很容易對色彩形成獨特的感受。一個很會講故事的媽媽，每天用精準又豐富多彩的詞彙為孩子講故事，日復一日累積下來，孩子的表達能力不斷增強。一個韓劇迷爸爸，孩子天天在家被純正的韓語環繞，形成一流語感更容易。一個熱情好客的媽媽，家裡時常招待各種客人，時常要做準備，孩子的規劃執行能力會默默增加。一對熱衷於溫柔表達愛意的父母，孩子的情感能力會優秀出色。

擅長和喜歡，是一對孿生兄弟，喜歡就會情不自禁地傾注更多努力，然後就變為擅長。而擅長做一件事，從周圍環境中獲得肯定和讚美，就越容易喜歡下去，這是孩子成長最自然的正向循環。一個對英語有親近感、語感非常好的孩子，就讓他去上英語補習班、參加各種競賽，他會越來越自信，越來越有風采。一個對數字敏感，喜歡從不同角度思考問題的孩子，去上數學資優班又何妨？我在數學資優班見過一個孩子，一上課雙眼就變得炯炯有神，獎勵卡拿了一捆放在手裡當撲克牌玩，老師一提問就興奮的站起來搶答。而這個班上其他的孩子，有一半眼神呆滯地看著老師，一副生無可戀的表情。還有一半看起來挺愉快的樣子，一邊比賽做題一邊開玩笑。他們從數學課上吸收到的營養是截然不同的。

有家長問，如何知道孩子擅長什麼？了解自己孩子，既簡單又難。就父母和孩子的天性相連來說，了解孩子並不難。但在現實層面，很多父母其實和孩子不熟，每天二十四小時，上班如果路途遠一點就要花費我們十個小時，再扣除孩子睡覺的時間，我們每天十到十二小時，和孩子相處只有三到五小時，還要撥出時間做家務、玩手機、追劇、必要的應酬，我們和孩子相處的時間又剩下多少？如果到了週末再上各種補習班，寒暑假再回老家，那麼父母和孩子不熟是再自然不過的事。

所以，要了解孩子擅長什麼是沒有任何捷徑可走的，它必須基於陪伴。你的時間在哪裡，你的成果就在哪裡，這是世間永恆的真理。不陪伴孩子，卻能充分了解孩子，擁有深厚、和諧、美妙的親子關係，這是不可能發生的事情。美國前總統歐巴馬（Barack Obama）最自豪的是二十一個月的選戰，沒有錯過一次孩子的家長會，這就是陪伴。當然陪伴孩子和把自己的生命寄生在孩子身上，完全是兩個概念。好父母，既要終身成長又要願意陪伴孩子，在不同的人生階段有靈活側重的能力。

在陪伴基礎上，我們還要多觀察、多思考、多交流，創造機會了解孩子。我們可以經常和孩子閒聊，在平淡的日常生活中加深對孩子的了解。舉個簡單的例子，

媽媽和孩子聊天，孩子說：「如果我是老鼠，我已經死了。」媽媽A勃然大怒：「胡說八道什麼，什麼死不死的！」不但錯失了解孩子的機會，還打擊了孩子表達的欲望，傷害了親子關係。媽媽B開始沿著自己的思路告訴孩子：「你知道嗎？老鼠是齧齒動物，老鼠的牙齒會不斷生長……」如果孩子想聽的話，這樣做可以教孩子一些科學知識，但仍然只是一種單向的、貧乏的控制，而不是真正了解到孩子。媽媽C則順著孩子的話追問：「如果你是狗呢？」孩子回答：「已經是條老狗了。」媽媽繼續問：「如果你是烏龜呢？」孩子回答：「還是小龜。」最後孩子才告訴媽媽說：「老鼠的壽命是三年，狗是十年，烏龜一百年。」這樣的聊天過程中，不但孩子能感受到聊天的愉悅，而且媽媽對孩子的對比意識、邏輯能力、數學思維等程度都會有一個大致的概念。最重要的是這個過程是自然真誠的，是沒有控制的，是無痕的。父母對孩子的了解，一定要建立在尊重和自然的基礎上，而不是無孔不入地侵擾孩子的邊界。

還有一個了解孩子的途徑是召集幾個孩子一起玩。當不同的孩子面對同一課題時，他們是如此的個性鮮明。有一次，我帶了三個孩子一起划船，便設計了一個遊戲。我讓他們轉頭看一眼後面的船，回過頭搶答，剛才船上有幾個人、穿什麼衣服、衣服的顏色，然後我讓他們猜這幾個人的身分以及他們在想什麼。在他們爭先恐後的搶答中，我發現一個五歲女孩驚人的圖像色彩感知能力，僅僅看了一眼，人們穿什麼顏色的衣服，戴什麼形狀的帽子，手拿著什麼包她全都記得清清楚楚。我還發現一個五歲男孩驚人的語言表達能力和邏輯推理能力，他推斷他們是爸爸媽媽和孩子，此外還有一個人是舅舅，分析得有理有據、頭頭是道。我又發現另一個四歲半女孩驚人的想像力，她講述了一段精彩的故事。

心理治療師阿德勒（Alfred Adler）說：「知道如何了解孩子的人，可以輕易的區分出孩子不同的生活模式和性格」。為人父母後，我們需要發展這樣的能力，才能有效的幫助孩子。在選擇補習班的問題時，亦是如此。

善用補習，提升學業潛力

補習是一把雙刃劍，能善用孩子便獲益無窮，沒好好利用反而會成為學業的潛在殺手。但遺憾的是，很多家長沒有意識到這一點。

凱凱已經讀小學四年級了，仍然每次寫作業都頭痛，但又怕被老師罵，於是拖

拖拉拉地寫。老師說這個孩子很懂事，很聽話，上課聽講很認真，作業也寫得很整齊，就是反應慢，長大一點就好了。凱凱媽媽從一年級開始就覺得要改變孩子，不斷為孩子買各種輔導習題，還報了好幾個補習班，語文數學都報了，英語班就報了兩個，為了讓孩子放鬆，還報了畫畫和架子鼓。但凱凱的成績，卻越來越差了。凱凱媽媽想不通，孩子一年級的時候天天被老師表揚，作業又整齊，聽課又認真，怎麼越大越退步了呢？

凱凱媽媽讓孩子花了太多的時間去被動學習，而不肯留出一點時間讓孩子主動學習。在這種策略下，補習不僅沒有幫助孩子在學業上有所進步，而且成為孩子學業的潛在殺手。

補習沒用好，危害有兩條：一是時間的沉沒成本；二是妨礙孩子主動學習的能力。

第一條很好理解，孩子的一天只有二十四小時，每天花三小時補習，這三小時就從孩子的時間銀行裡被取走了，不能用來閱讀，不能用來運動，不能用來和爸爸媽媽聊天談笑，不能用來和朋友追逐打鬧了，所以這個時間是有成本的。如果沒有好的效果，性價比不高，同時又耽誤了別的事，就很不划算了。

第二條其實危害更大。如果孩子對補習形成依賴，不再願意主動去學習和思考，不再願意高效地規劃自己的學習休息時間，只是麻木的依賴老師的講解，麻木的服從家長的安排，那麼他即使考進了不錯的大學，沒有自學能力，沒有主動學習的意識，沒有規劃自己的習慣，他的未來也是堪憂的。

近年來一項針對學霸的調查也證明這一點：約百分之九十的學霸聲稱，他們從未補習過。遇到學習「瓶頸」時，他們的解決辦法是：自己分析弱點所在（百分之九十六點五五），找老師指點迷津（百分之六十八點九七），整理、複習錯題集（百分之四十八點二八），與同學交流探討（百分之四十四點八三），制訂嚴格計畫破解難題（百分之四十四點八三）。

這和家長潛意識裡的邏輯——砸重金讓孩子多上輔導班，孩子就能在競爭中脫穎而出——是完全相反的。這是一個殘酷的事實，補習不一定有益，如果用不好是弊大於利的。

比如數學補習班。同樣面對一道難題，有些孩子從來沒有補習過，只好獨立思考，思考了五到十分鐘，可能沒想出結果，沒做出來，但這不等於沒有收穫。在思考的過程中，孩子多方探尋解題思路，思考得到了鍛鍊，能力得到了提升。但有些

孩子上三五個數學補習班，無須經過思考的過程，因為所有題型他都見過了，而且老師都整理好並提供了答案。如果孩子只是充當了一個搬運工的角色，把答案從黑板上搬到了紙上，並沒有經過思考的處理，那麼能力並沒有提升。他也許做題很快，也許會在低年級時短暫領先，但長遠看，他的數學成績未必好，未必能在高年級時繼續領先。

我們要牢記，補習可以是點燃智慧的火種，也可以是暫時借用的拐杖，但絕不能成為依賴終身的輪椅。

那麼，我們應該如何善用補習呢？

第一，當然是先選好補習班。在上一節裡，我們已經詳細敘述了選擇補習班的原則和方法，不比較、不求全，按照孩子的優勢、節奏、興趣、意願來選擇補習班。孩子應該全面發展，指的是孩子在各方面都不落後，而不是在各方面都能領先眾人。即使天才如達文西（Leonardo da Vinci），在繪畫、人體解剖、機械設計、寫詩等方面都有傑出的成就，但他只作為最偉大的畫家之一名垂青史，沒有人認為他是最偉大的醫生，最偉大的工程師或者最偉大的詩人。

有些家長讓孩子上了很多補習班，單個看都有效果，書法班讓孩子的字寫得好一點了，畫畫班上孩子的畫也不錯了，鋼琴班上孩子也能彈上一兩首曲子了，數學班也能做上幾道題了，但綜合起來看，並沒讓孩子變得出類拔萃，反而越來越平凡，越來越沒有信心了。有些補習班上過一年半年，停了以後也就過去了，那些付出的時間和金錢都浪費了。所以在時間有限的情況下，不比較、不求全的選擇原則是一定要遵循的。

第二，善用補習，意味著把補習和核心學習能力的培養結合起來。

越到高年級，我們越能發現，一些學霸從不挑燈夜戰，考前翻翻書就能考第一名，而另外一些同學，天天熬夜苦讀，卻也只停留在中等水準。為什麼？天賦聰明？測智商又沒有太大差異。其實奧祕就在前一批人，他們的核心學習能力強。

那麼什麼叫核心學習能力？專注力、思考力、邏輯力、解決力。

專注力是成功的不二法門。同樣一套卷子，專注力高的孩子可能二十分鐘就搞定了，而不停分心的孩子可能卻需要兩個小時。我們在前面一章提到過，父母從小的尊重、不打擾會有效地提高孩子的專注力。那麼從補習這個角度，有什麼好的辦法提高專注力呢？那就是鼓勵孩子學會享受枯燥。對有趣的、高刺激的東西專注，是人人都會的，無須訓練。看看那些在網吧通宵打遊戲的年輕人，看看在電視機面

前坐一天的主婦，看看讀網路小說欲罷不能的少女，我們就知道，在高刺激事物面前專注實在不是什麼需要學習的技能。但對枯燥的、低刺激的事物，比如對課本和考題保持專注力就很了不起了。補習在這個方面上可以有所建樹。不管是鋼琴還是繪畫，足球還是圍棋，不管孩子最初多麼感興趣，他一定會逐漸進入到枯燥的部分，孩子會厭煩，這個時候父母一定要判斷孩子是真的不喜歡，還是遇到了枯燥的「瓶頸」。如果是前者，不妨考慮放棄，如果是後者，就一定要鼓勵孩子堅持。父母不要責罵，而是應該在理解孩子基礎上，坦誠地表達自己的看法，比如你可以這樣說：「寶貝，我覺得你是開始覺得練琴枯燥了，沒那麼有趣了。但你知道嗎，你再喜歡的事情都有你不喜歡的時候。這個時候再咬牙堅持兩個月，你也許會有不同的結論。」或者你可以說：「媽媽知道你很厭煩想放棄，但是媽媽的經驗是，你以後一定會後悔的。媽媽認為你應該再堅持半年試試看。」孩子有了和低刺激的枯燥的事物搏鬥並勝利的經驗和信心，對高年級以後枯燥的學習內容就會更有能力專注。

思考力說到底是一種連繫的能力，觸類旁通、舉一反三，都是連繫。由此及彼、由表及裡，從現象到本質，都是連繫。物理課上講到勻減速直線運動的規律，知道「彊弩之末，勢不能穿魯縞」的人，理解得更快。培養孩子的思考力，「讀萬卷書、行萬里路」是必須的，因為巧婦難為無米之炊，閱讀和實踐才能給孩子提供真實的可連繫起來的資料。一個孩子大量讀小說，就擁有了豐富的人生經驗供他挑選。一個孩子大量閱讀科學讀物，就擁有了豐富的理論供他憑依。累積豐富的孩子，面對新知識的時候更容易舉一反三。實事求是的說，這是補習很難提供的，必須依靠閱讀和遊學。但補習可以提供的是一個榜樣。比如一個氣質嫻雅的繪畫老師，可能會讓孩子就此願意開啟美術之旅，想跟老師一樣努力看遍世界名畫。一個學識淵博的作文老師，可能讓孩子更親近文學，願意去閱讀。如此而已。

邏輯力是思考的方法和模式。比如「是什麼——為什麼——怎麼辦」是一種基本的邏輯，而證明哥德巴赫猜想卻是一種複雜的邏輯。學習就是一個不斷訓練邏輯模式的過程。邏輯好的孩子，拿到一個作文題，可以清楚地提出觀點論證，拿到一道數學題，可以迅速推理，找到解題思路，並順利做出來。邏輯差的孩子可能一頭霧水。補習對訓練邏輯範式，顯然是有效果的，而且是高度有效的，這是大量補習班存在的根本理由。尤其是數學奧林匹克，本質上就是老師已經把許多邏輯範例總結出來了，然後透過大量練題，讓孩子們習得這些題目，縮小推理的「可能性空間」，從而提高做題能力，提高數學成績。但這裡面犧牲掉的是，孩子自己探索邏輯

的過程。孩子的原發創造力，可能就此沉沒，永無再現之日。這裡就是一個取捨的問題了，邏輯力和創造力，並不容易兼得。

解決力。解決問題的能力，是學習的最終目標。熟記各種定理並不重要，能解出難題才是數學高手。熟背課文沒意義，能妙筆生花寫出好作文才是語文達人。補習班在解決力的培養上是最主打的。比如擊劍幫助孩子成為貴族，舞蹈幫助孩子成為淑女，作文讓孩子提高總分，資優數學讓孩子能做出最難的數學題……魚龍混雜，泥沙俱下，補習班的圈子裡不乏智慧的老師，也不乏糊弄的專家。家長一定要睜大眼睛，一定要親自考察，一定要反覆試聽，看清哪些是真的金子，哪些只是鍍上一層金粉。

第三，善用補習，意味著要賦予補習延展性。

補習永遠不是孤立的。我相信大多數父母讓孩子去練鋼琴，絕不是為了讓孩子在拿到大獎後發誓這輩子再也不碰鋼琴。如果我們期望補習習得的技能和素養是孩子一生的朋友，就絕不能把補習當作一個孤立的任務，而是一定要把它融入廣泛而自然的生活中。

比如我認識一個孩子，四歲的時候家長幫他報了科學啟蒙班，這個孩子就開始好奇的問關於宇宙地球生物的各種問題。父母於是又給他買了大量的科學繪本，下載了很多探索頻道的紀錄片，又帶他去科教館和自然博物館。而且在全家外出旅行的時候，也一定安排去看那個城市的科教館和自然博物館。幾年下來，孩子對科學的興趣一直非常濃厚，閱讀了許多關於天文、地理、生物、物理、化學知識的課外書籍。可想而知，等這個孩子上了中學，再學習這些科目的時候，他的起點、理解的深度與同儕都是不一樣的，他需要花費在課業上的時間會更少，也就能騰出更多時間去做感興趣的事。

再比如繪畫，一個擅長畫畫的小孩，除了跟著才藝班亦步亦趨的提升繪畫技能，還可以在廣泛的生活中體會藝術的美。比如父母帶著孩子去旅行，可不可以專門安排半天時間讓孩子在當地最美的風景區寫生？可不可以專門安排半天去當地的美術館看畫展？父母還可以帶著孩子畫漫畫，把講過的故事畫出來，把孩子腦海中的故事創作出來，讓孩子用他的畫筆裝飾家中的花瓶、杯子，讓孩子設計衣服的圖案，媽媽用縫紉機做出來……

很多家長之所以讓孩子趕場補習，還有一個很重要的原因，家庭的娛樂活動太蒼白無趣。孩子不去上課，除了寫作業，只能在家看電視、玩平板，還不如去上

課。其實只要我們用心，就可以讓孩子的才藝班延展出無限豐富的內容。除了上面所說項目的延展，還有範圍的延展，我們可以邀請孩子的補習班同學到家裡來，一起來場腦力激盪，孩子們絕妙的學習能力、想像力和創造力一定會讓你驚豔。

當補習和課堂學習、課外活動、閱讀、旅行等構成了一個層級豐富的、互相呼應的體系，才是真正利用好了這份時間。

好好配合補習班，別光說不做

在孩子補習的過程中，家長是何種角色呢？在陪同補習的大軍中，我們曾看到表現完全不同的家長。

靈兒十歲，上四年級。靈兒媽媽其實很盼望她上鋼琴班的時光，平時上班做家務很辛苦，靈兒上鋼琴班就是媽媽休息的時間。媽媽把靈兒送進教室，就開始快樂的看手機了。靈兒上完課，母女倆去吃頓飯，享受下親子時光。平時因為太忙，媽媽也沒空督促她在家練習。靈兒很快樂，但又有點煩惱，因為進步總是比同學慢，也無法得到老師的表揚。

吉兒是靈兒的鋼琴班同學，她的情況卻大不相同。媽媽全職負責她的教育，每天盯得非常緊，在家練習，一個音彈得不對，媽媽輕則冷臉相對，重則喝斥打罵。吉兒戰戰兢兢，琴練得很熟，每次老師都表揚她，但吉兒覺得太辛苦了，發現自己越來越排斥鋼琴了。

這兩類家長都是非常典型的。首先我覺得這兩種陪伴方式，都是可以理解的。父母並不是超人，父母也是血肉之軀，也需要適當休息一下，鬆口氣，也需要衡量付出和回報的性價比。我只是覺得，也許我們可以透過一些小小的改善，更好地陪伴孩子，讓孩子的補習更有品質，讓這些已經付出的時間更有價值。

我們可以做的事包括如下內容。

一．一起學

事實上，有很多補習班是要求家長一起學的。但令人擔心的是，很多家長把一起學理解為：孩子自己聽不懂，需要我一起上完課後再講給他聽。細究一下，這種心態蘊含的潛臺詞是：我比孩子聰明，不是我想學，而是沒有我的幫助，他搞不定。這種認知是可怕的，因為和它關聯的情感一定是付出感、犧牲感，和它關聯的

行為一定是粗暴的講解，逼孩子快速做出答案。

我所說的一起學完全不是這樣。俗話說「既來之，則安之」，既然我們必須要陪伴孩子一起學，為什麼不從我們自身的角度來找一下這件事情的樂趣呢？也許我們本來就很熱愛數學，但繁忙的工作讓我們很久沒有享受這種簡單的快樂了。也許我們數學很爛，本來有生之年已經不可能有機會特地學數學了，現在卻有一個這麼好的機會出現了。在認知上，應該是我要學習，在情感上才會體會到愉悅和享受，在行為上才會表現出和孩子一起苦思冥想，你追我趕，甚至快樂的去解題，讓孩子享受到做題的樂趣。

有家長問，可是我痛恨學習怎麼辦？這個問題我拒絕回答，您自己都痛恨學習，卻逼著孩子學習，講不講理？

二・支持

網路上流傳一個故事：女兒小提琴檢定考試沒過，一整天愁眉苦臉的，爸爸便說：「寶貝，我帶你去學小提琴，不是為了讓你考試的。而是為了有一天當我不在你身邊的時候，你可以拉拉小提琴，然後你就會回憶起學琴的這段時光，小提琴就可以代替爸爸陪著你一輩子了。」

這段話非常感人，沒有任何事情是一勞永逸的。學習是一個漫長曲折的過程，即使我們做對了所有的事，孩子仍然會遇到挫折和瓶頸，會迷茫徬徨，想半途而廢。我們如果一直和孩子的學習過程是隔離的，就沒有辦法幫到孩子，如果一直拿著小皮鞭抽打，當時會有效果，但時間長了傷害親子關係，還容易造成孩子的情感冷漠。

我們需要的是給孩子正向的支持。當孩子迷茫的時候告訴他方向，就像故事裡的爸爸一樣，提醒孩子學習的真諦永遠是為自我成長。當孩子沒有信心的時候為他打氣。你可以說：「寶貝，也許你自己沒有發現，但媽媽覺得這個月你的數學推理能力進步很大，你可以自己想到解題方法，這非常好。」或者：「寶貝，這兩個月你的語法大有進步了呀！你每天努力做好補習班的英語作業，現在我們看到初步成果了。」當孩子驕傲的時候幫他冷靜。你可以說：「沒錯，我覺得你非常優秀，但是在單詞拼寫方面，你的時間花得似乎還不夠，所以還是有不少錯誤。」或者：「你和朋友們互相學習的樣子真好，這次你是第一名，但你們三個各有優點，都有第一名的潛力，繼續互相幫助和學習哦！」

三．引導

孩子在補習的學習過程中，需要父母這個「學習老兵」的經驗作為引導。尤其是有些科目比較難，父母就要根據孩子的實際情況，對學習過程做科學的設計和引導。

舉個例子，有些孩子自我管理能力很強，每天主動去做幾道數學題，父母就只需要靜靜觀察。有些孩子有點抗拒，父母就需要引導和提醒他，何時該做題了。在做題的過程中，也需要評估，根據孩子的情況，應該有多少時間用在預習上，多少時間用在做家庭作業上，耐心地引導孩子逐漸形成最適合他的學習方法。

四．分工

孩子的教育是家長和老師共同的職責，若具體說到家裡，那便是爸爸媽媽共同的職責。在孩子的教育上，爸爸媽媽都不能缺席。這一方面是因為每個人都有思想上的盲點，需要互相補充。另一方面也是因為爸爸媽媽的交互教育，有利於促進親子關係和家庭關係。

比如，如果一個家庭中，爸爸數學好，媽媽英語好，那麼在陪孩子學習的過程中，最好是爸爸帶孩子學英語，媽媽帶孩子學數學，然後請另一位當指導。在自己也不好的科目上陪伴孩子，比較能理解到孩子艱難的學習過程，而不是輕易動怒，題目做不出來就覺得孩子太笨。

補習要用得好，家長不能當光說不做，必須給孩子平和的、積極的、有效的陪伴，才能讓孩子獲益良多、興味盎然。

節省補習時間的小技巧

補習占據了孩子大量時間，不管我們怎麼精挑細選，孩子升上高年級，補習需要花費的時間似乎就越多了。

麗麗是一個五年級的小學生，她每個週末的午餐都是在媽媽車上吃的，因為補習班離家比較遠，週六上午補完習，媽媽已經買好了午餐在等她。媽媽一邊開車，麗麗一邊在車上吃午飯，稍微休息一會，接著去另一家補習班。媽媽覺得整個週末都奉獻給了孩子，麗麗一旦表現不好，媽媽就非常生氣。

在本章的前幾個小節裡，我們主要從「道」的層面來探討了如果選擇和善用補習，在這一小節，我們主要從「術」的層面入手，討論在已有的補習班數量格局下，

如何最大限度地節省時間。

一・把距離納入考慮因素

在選擇補習班時，要充分考慮時間成本。補習的時間，既包括上課時間也包括路上來回的時間。我們考慮補習的時間性價比要把距離考慮在內，盡可能地選擇離家近或者離學校近的補習班。哪怕近一點的補習班品質和價格略有不足，也好過在塞車中長途跋涉去遠的補習班。

現在有一些學校和補習班合作，學校提供資源場地，補習班機構在學校放學後，給本校學生開一些優惠的、自願選擇的興趣課。這對家長和學生來說，可謂是一種福音。家長可以免除接送之苦，學生最大限度地節省了時間，在校園裡既安全又能得到充分保障，是一舉多得的好事。

二・利用線上資源

當前，線上教育已經風生水起，使用者越來越多，也出現了很多針對孩子的線上語言課程、程式設計課程等。線上課程和實體課程各有優劣，但總體來說，線上課程靈活、節省時間，但在學習氛圍和系統性上不如正常課堂，同時還對孩子的自律、互動、抗干擾、主動探究等能力要求較高。線上教育不一定適合所有孩子，也不一定適合一個孩子的所有階段和所有科目，但以節省時間角度看，線上教育是一個不錯的選擇。

三．注重科目之間的相輔相成

孩子們學習的科目之間都是有關聯的，但有些科目關聯特別緊密。比如音樂和鋼琴，畫畫和繪本閱讀，英語和話劇表演……我們可以利用這種連繫，讓孩子的學習技能很好的進行轉移。

比如一個喜歡畫畫的小朋友，同時進行繪本閱讀會覺得很自然，從大腦分區的角度來看，在他的某一部分大腦皮層已經被充分啟動的狀態下，進行同一類型的項目會非常輕鬆，在運用讀圖能力看繪本的過程中，不知不覺閱讀能力也提高了。

四．把補習納入整體時間統籌

統籌安排，同時做多項事情，是一件需要從小就不斷訓練的能力。同樣是上四

個補習班的小學生，有些孩子覺得已經累到喘不過氣來了，不斷延後睡覺時間；有些孩子還是很悠閒，每天仍然有兩三個小時的時間看書玩耍。

除了放棄路上來回的時間，使用線上課程之外，還有一個好辦法就是把那些最容易浪費的時間用在補習上。

比如週五的晚飯之前。週五是最放鬆的時候，有些孩子選擇吃完晚飯寫作業，有些孩子選擇吃完晚飯痛快地玩，週六早上再寫作業。無論如何，週五的心情是最輕鬆的，如果在週五的晚飯前加一門補習課，孩子通常沒什麼意見，反正是黎明前的黑暗，再黑也有盼頭。

再比如週日的晚上。這是最尷尬的一兩個小時，因為第二天就週一了，孩子的心情通常不太好，作業也寫完了，想到第二天要上課，玩也玩不痛快，這個時候安排一些相對輕鬆的課，對孩子來說，反倒適合多了。

而那些珍貴的時間，週六、週日，因為是整段的時間，可以安排全家人一起的戶外活動，春天踏青，夏天納涼，秋天釣魚，冬天聚會，或者是舉辦一場小球賽，甚至到郊外走走都是足夠的。

週五的晚飯後，每天寫完作業的時刻，就留給孩子自己安排吧，他想做什麼就做什麼，讓他自由自在。如果能引導他多看書、多欣賞大自然、多運動、多和小朋友玩就更好了。

第四章　從電子產品那裡搶回時間

電子產品的普及，我們在手機上所花的時間越來越多，舉目四望，低頭族越來越多。低頭族的年齡門檻越來越低，不僅大學生和高中生是低頭族，小學生和幼稚園的小朋友，甚至剛滿周歲的小嬰兒都迷戀手機、迷戀 iPad。甚至有人說，在幼稚園門口，拿糖果已經騙不走小朋友了，但拿 iPad 就可以。手機雖然成為人們生活中的必需品，但並不意味著我們要帶孩子一起成為手機的奴隸，把所有的時間都交給它。

本章的重點包括如下內容。

- 手機成癮症：過度的使用手機，不時看手機，手機不在身邊就焦慮。
- 契約互動：父母和孩子共同決定，父母監督和指導孩子的決定。
- 培養契約精神的核心原則：語言要柔和、尊重、體諒，行動要堅決、不容商量。
- 遊戲去樂趣化：把遊戲從自由和娛樂變成控制和任務。
- 現實世界生命意義的三個維度：我和世界、我和他人、我和自己。
- 手機服務於現實的辦法：學習遊戲的核心精神。

孩子為什麼喜歡玩手機？

在今天這個網路娛樂時代，孩子普遍熱愛電視、手機、iPad。

昊昊升上五年級了，為了聯絡方便，爸媽買了智慧型手機給他。但昊昊越來越沉迷於手機，玩遊戲、看動畫、網購……屢勸不聽，爸爸一生氣就沒收他的智慧型手機，將其換成了掀蓋式手機。於是，昊昊就開始不停的跟同學傳簡訊。媽媽拉他到公園玩，昊昊卻感到非常無趣，他對遊樂設施一點興趣都沒有。

每個時代都有家長害怕的「洪水猛獸」，以前的撞球、遊戲機，後來的電視、電腦遊戲，現在的iPad、手機，孩子非常容易上癮。因為在網路逐漸一統天下的今天，手機應用最廣泛、危害最嚴重。

為了敘述的方便，在本章，我們主要用手機來代指電子設備。

孩子們非常喜歡玩手機。當我們和朋友們聚會聊天的時候、當我們想休息一下的時候、當孩子哭鬧不聽話的時候、當孩子纏著而我們卻不想理會的時候，塞給他們一支手機，世界立刻就清淨了。但若我們不制止，他們便會樂此不疲地一直玩下去，似乎裡面有無窮無盡的魔力。

孩子們為什麼喜歡玩手機？

這個問題問得比較心虛，因為我們都心知肚明，孩子和手機的最初連結來自我們。孩子睜開眼睛降臨到這世界上，對他們來說一切都是新奇未知。我們孜孜不倦的示範給他們看，手機非常可愛！下班回家後可以不看寶寶，但不能不看手機。每隔一會兒，我們就拿起手機點點點，目不轉睛的看到眼睛痠痛。手機不在身邊，我們就十分焦慮的到處找，必須捏在手裡或放在目所能及的地方，我們才會安心。最極端的案例：有位媽媽低著頭玩手機，四歲的兒子溺水，獨自掙扎了十幾分鐘，媽

媽都沒有看到。還有位媽媽忙著玩手機，兩歲的孩子貪玩跑到公車前，就這樣被碾了過去，而媽媽卻毫不知情。每次看到這樣的人間慘劇，我們都不勝唏噓，但放下手機才不過幾分鐘，又覺得心裡癢癢的，於是再次拿起手機。

那麼，日復一日地目睹這個場景的孩子，他們會如何理解這件事呢？順理成章的，他們會充滿好奇和嚮往：「手機很好玩！」、「要是我是手機就好了，爸爸媽媽就會最愛我了！」、「我也要玩手機！」

那我們又為什麼這麼喜歡玩手機呢？

客觀地說，手機已經如跟我們身體的一部分，我們的工作、生活、學習、社交、娛樂都無法離開手機。我們透過通訊軟體和同事、客戶溝通工作，我們在手機上背單字、查資料、寫文章，我們在社群軟體上了解朋友的近況。我們買東西用手機下單，看電影用手機買票，出門搭車用手機，休息時看劇、玩遊戲還是用手機。離開手機，我們的生活會大受影響。

另外，我們在手機上花費的時間又大大超過了實際所需。我們情不自禁的沉溺其中。三五分鐘就查看一下手機訊息，不停的一個個檢視APP，緊張的工作中要看幾下手機，陪孩子玩耍的時候也要反覆掏出手機。雖然很多事情等著做，卻依然不停的看下去、看下去，這就是手機成癮症了。

當然，深究下去，我們本質上依賴的並不是手機，而是手機裡的美麗新世界。比如，更迷人的網路社交世界。現實生活如此平淡，就算是我們的伴侶和摯友也不會隨時關注和讚美我們，因為沒有這個時間。但在社群軟體中，我們一下子變得萬眾矚目，一言一行都有人讚嘆或安慰，這種感覺太好了！儘管這種關注和讚美是如此虛幻和廉價。關注一個人，在現實中需要長久的注目他、接觸他、了解他，對方才會感覺到，而社群軟體上關注和按讚只需要動動手指就好了。又或者，更迷人的電子遊戲世界。現實生活中我們需要耗費無數心力、忍耐無數嘲笑和眼淚、取悅無數客戶、處理無數複雜人際關係才能得到獎勵和成功，我們的大腦才會分泌出一種叫做多巴胺的物質，讓我們得到精神上深深的快樂。在電子遊戲世界，只需來一局遊戲，動動手指就可以笑傲虛擬江湖，睥睨天下英雄，可以得到同樣的多巴胺，得到精神上深深的快樂。所以，沉溺於手機很難理解嗎？太好理解了，高度順應人性的急功近利、趨易避難，這種感覺太舒服了。

理解了自己的手機成癮症，父母就會明白，靠打罵和一切簡單粗暴的方法限制

孩子玩手機都是無效的。也許孩子會短暫的聽從你，在你能看見的地方有所收斂，但在你看不到的地方，他會孜孜不倦的找到各種機會來玩。

真正的解決之道，不是把手機從孩子手中奪走，而是讓孩子自己把手機放下。怎麼做到呢？兩個方向：一是讓孩子使用手機時能自控；二是讓現實世界更好玩。這是對家長教育能力的綜合考量。孩子的認知程度、自制力、契約精神發展如何，家庭生活是否豐富美好、充滿吸引，親子關係是否和睦融洽、交流自如，都將在此得到考驗。我們將在下面兩節逐個分析，提出一些方法供家長參考。

讓孩子自己把手機放下

很多孩子喜歡玩手機，沉溺於虛擬世界，在虛擬世界中獲得一切美好的感受。

小樂上小學四年級，不管是假期還是平時上學，小樂總是迅速做完所有事情，就開始纏著媽媽要手機玩，吃飯隨便吃一兩口，睡覺是能拖一會就拖一會兒，刷牙洗臉更是匆忙，千方百計省下時間來玩手機。

不僅是小樂，越來越多的人覺得現實世界不好玩，虛擬世界才好玩。英劇《黑鏡》裡有一個故事，未來只有極少數人過著自然人類的生活，其他人日夜都生活在智慧小格子裡，除了騎自行車奉獻一點機械能量，所有的時間都花在虛擬空間裡。這個看起來驚悚的故事，正在一步步實現。人類發明出越來越多的工具來節省時間、提高效率，結果卻是越來越少的人駕馭工具，越來越多的人淪為工具的奴隸。

我們當然不希望孩子淪為手機的奴隸。我們希望的是孩子能夠成為工具的主人。這就涉及我們的孩子有沒有自我控制能力。

對於孩子的自我控制能力，在我認識的家長中，有兩種看法最普遍：一種是從不相信孩子的自制力，孩子的課業規劃、時間安排通通由家長代勞，作業由家長盯著。說到玩手機，則是以家長心情好或者被纏不過開始，以家長心情變糟和喝斥結束，非常隨意、非常疲憊。另一種則恰恰相反，完全相信孩子的自制力，對孩子玩遊戲不太限制，相信孩子玩夠了就不玩了，非常隨意、非常輕鬆。

在我看來，這兩種做法都是錯誤的。孩子的自制力不是天生的，而是後天習得的。幫助孩子發展自控力是一個有科學辦法可循的過程。讓孩子學會控制玩手機，我們可以做的有很多，主要包括如下內容。

一．讓孩子盡可能晚一點接觸手機

有些家長認為孩子在上小學之前，除了吃飽喝足就是隨便玩，他想玩什麼就玩什麼，不用限制太多。有些家長還洋洋得意，我孩子三歲就能看懂八點檔了，四歲就學會排兵布陣殺殭屍啦，好聰明啊！到了小學要學習、要寫作業，家長開始管制了，為孩子制定各種規則。到了國中，就開始暴力鎮壓了，沒收、砸孩子手機的新聞屢見不鮮。

人的一生，父母的影響是個不斷減弱的過程，家庭教育也相應是一個逐漸放手的過程。孩子零到三歲的時候，父母就是全世界，孩子對家長全身心的愛戀信任。孩子三到六歲的時候，父母是權威，是了不起的人，孩子對家長敬畏有加。所以，家長想對孩子施加影響，培養孩子養成各方面的習慣，塑造孩子的價值觀，這兩個階段最有效果。這個階段我們傾注心血，大量付出愛與陪伴，帶著孩子閱讀玩耍，欣賞自然的瑰麗、生命的豐富、知識的迷人，孩子的生命會有無限豐富的可能。反之，我們帶著孩子瘋狂玩手機，把一個鮮活的生命過早的帶進一個模式化、高刺激、急功近利的智慧小格子，就像從根部傷害一棵樹一樣可怕。

二．盡量不在孩子面前玩手機

這個無須多說，言傳不如身教。父母是孩子的榜樣，是孩子習得一切行為模式、情感能力的範本。就像你去影印，原件是一個樣子，卻指望影本是另一個樣子，那是痴人說夢。若你實在做不到控制自己不過度使用手機，那麼起碼在孩子面前，忍耐一下吧。

三．把手機、電視、iPad 放在家裡最不醒目的地方

環境支持對孩子來說，也是非常重要的，特別是孩子十二歲之前。同樣是控制，孩子經常看到手機與很少看到手機，兩者需要消耗的意志力是不同的。

著名行為經濟學家理查．塞勒（Richard H.Thaler）曾經舉過一個例子：卡羅琳在學校裡開連鎖自助餐廳，有一天她決定在不改變食品種類的情況下，改變擺放方式。比如，和孩子們視線齊平的高度，有些學校放炸薯條，有些學校放胡蘿蔔條。甜品有些放在顯眼的地方，有些放在後面。結果令人驚訝，食品銷量的變化幅度達到了百分之二十五。塞勒後來提出了著名的「助推」理論，告訴我們即使對成年人來說，環境對我們自制力也有著至關重要的影響。

對孩子來說更是如此。比如，父母帶孩子出去吃飯，讓手機安靜待在包裡，比頻繁掏出手機來看，更有益於孩子自控力的培養。因為後者就是一種水滴石穿的誘惑。

四・限定單次螢幕時間

有一組數據，孩子連續看二十分鐘液晶電視，孩子視力平均下降到十八點八度近視狀態；淚膜破裂時間平均為六點七秒；平均每分鐘眨眼九次。而孩子連續玩二十分鐘 iPad，視力平均下降到四十一點七度近視狀態；淚膜破裂時間平均為五秒；平均每分鐘眨眼四點六七次。孩子連續玩二十分鐘 iPhone，視力平均下降到四十三點八度近視狀態；淚膜破裂時間平均為五點三秒；平均每分鐘眨眼七點六七次。如果在暗處玩手機，手機強光直射眼睛三十分鐘以上，容易造成眼睛黃斑部病變，導致視力急速惡化，特別是不可逆的黃斑病。

孩子的眼睛還很稚嫩，一定要小心保護。限定單次螢幕時間，這是一個最硬性的要求，父母絕對不能妥協。每天玩手機的時間，可以參考美國兒科學會對兒童「螢幕時間」的建議：一歲半以下的寶寶應該禁止使用任何電子設備，除非是跟家人的視訊通話；兩到五歲的兒童，每天使用電子設備的時間，不要超過一小時；六歲以上的學齡兒童和青少年，每天螢幕時間在兩小時左右。而孩子每次玩手機的時間，最好不超過二十分鐘。

五・培養契約精神

當孩子到了五六歲和小學的年齡，家長恐怕很難讓孩子完全不接觸手機了。孩子有些作業需要在手機上完成，孩子和朋友們聊天，也需要談論動畫、手機遊戲之類的共同話題。

而且，隨著孩子的心理發展，父母的地位也從六歲之前的全世界，逐漸下降到孩子最愛的親人。研究表明，孩子六到七歲後，雙親的影響力開始低於同伴的影響力。對十歲左右的孩子來說，父母的影響力只有百分之二十，而同伴的影響力可以達到百分之五十。對十六歲左右的孩子來說，父母影響力最低，到百分之十左右，同伴影響力可達百分之七十。所以父母要學會把殘留的權威用在刀刃上，大部分時間和孩子以契約方式互動，和孩子一起做決定，同時監督和指導孩子的決定，這對孩子有益，對父母自己也有益。

玩手機也是一樣。我們事先和孩子商量好玩多久，比如十五分鐘。然後用明確的語言告訴孩子時間結束後你的行動，比如：「十五分鐘以後，媽媽就要把手機拿回來哦。」十五分鐘後，父母要準時提醒孩子：「時間到了。」一般情況下，孩子絕對不會立刻心甘情願地把手機交出來，多數孩子會爭分奪秒地繼續玩。這個時候父母的反應很重要，我們絕不能去否定孩子，指責孩子違約，更不能侮辱孩子人格，說孩子賴皮，暗示孩子不值得信任。而是要用正面的語言，比如「寶貝，我知道你馬上就要給我了，你最講信用了。」這時他會央求：「我再玩一會兒」或者「打完這一局。」對於前一個要求，建議溫柔堅定地回答：「不可以。」對後一個，可以酌情考慮，如果可以在一兩分鐘結束，不妨理解和遷就他，因為一局遊戲中途退出那種感覺真的挺難受的。即使最後的結果仍然是媽媽強行奪走，也要用正面簡潔的語言：「寶貝，時間到了，媽媽拿走手機了。」總之，語言要柔和、尊重、體諒，行動要堅決、不容商量。最忌諱一邊語言上羞辱他，一邊行動上縱容他。取回手機後，我們還要給孩子一個正面的強化：「寶貝，你遵守了約定，很好。」或者：「雖然你玩得正 high，但你還是把手機還給媽媽了，你的自制力真的很不錯。」

契約精神的培養需要父母的耐心。因為即使我們用正向的思維激發了孩子的榮譽感，激勵了他的自尊，鞏固了他的自信，但孩子仍然會有打破契約的時候，會有反覆。父母要始終牢記「語言要柔和、尊重、體諒，行動要堅決、不容商量」這一核心原則，耐心的和孩子磨。要知道，所有的美德都需要時間的累積和打磨，如切如磋、如琢如磨，才能終成美玉。孩子是塊美玉，父母就是耐心的琢玉人。

六．和孩子一起玩

如果孩子喜歡某個手機 APP，或者某個手機遊戲，父母可以和孩子一起玩。我們知道孩子在哪裡，我們才可以更好的陪伴孩子長大。從孩子的成績單知道孩子的學業程度在哪裡，透過日記、盤問這些管道了解孩子的情感想法是什麼，這都屬於簡單粗暴的做法。成熟的做法是在不侵擾孩子的前提下，從愉悅的心靈互動中知道孩子在哪裡，知道他的認知發展、心理能力、情感想法在哪裡。

和孩子一起玩遊戲，是很好的辦法。因為一起玩，所以父母會知道孩子在哪裡，也會知道一個遊戲的安全邊界在哪裡，最容易成癮的地方在哪裡，對孩子有沒有潛在的傷害，有沒有壞的示範，我們可以在什麼地方去彌補，有沒有好的資源，我們能不能在現實生活中使用。

七・選擇需要動腦筋的高難度策略遊戲

「由儉入奢易，由奢入儉難」也適用於手機、電腦遊戲。有些遊戲是非常複雜的策略策略遊戲，需要玩家動腦筋處理複雜的事物環境對抗敵人，要玩好這樣的遊戲，取捨、權衡、判斷、決策各種能力一項都不能少，策略這個詞原本就來自於希臘語的「大將之才」。有的遊戲則是非常簡單的動作遊戲，眼明手快地點點點就行了。

我們為孩子選擇遊戲的時候，可以考慮策略遊戲，孩子玩慣了策略遊戲，那些打打殺殺的小遊戲，也只是放鬆一下而已，很難真的吸引他上癮。

八・避免大型網路遊戲

和單機遊戲相比，網路遊戲除了有趣、可以輕鬆得到勝利的快感外，還能輕鬆獲得社交快感，所以更容易上癮。建議孩子在擁有鞏固社交能力之前，不要讓他碰網路遊戲。

九・給遊戲附加任務

允許孩子玩遊戲，但每局遊戲結束後，都要求孩子口頭或者書面報告這局遊戲什麼地方打得好，什麼地方打得不好，還有哪裡可以改進。把遊戲變成任務，這是讓遊戲「去樂趣化」的「險惡」招數。從心理角度來看，孩子玩遊戲是他千方百計爭取到的自由和娛樂，這樣一弄，反而變成了控制和任務，從權利到義務的轉化中，能享受到的樂趣就大大減少了。

讓現實世界更好玩

虛擬世界和現實世界在博弈，讓孩子擺脫電子螢幕的誘惑，治本之道是增加現實生活的吸引力。

小米今年九歲，上小學二年級。他也喜歡玩手機、看電視、玩平板、玩電腦遊戲，每天為自己爭取到了二十分鐘的遊玩時間，但常常忘了用。因為他有閱讀的愛好和豐富多彩的興趣，所以玩手機說停就停，並不上癮。

小米的這種狀態是如何實現的呢？小米媽媽從小米出生後，就非常注重愛和陪

伴。從零歲到六歲，媽媽一下班就陪小米讀繪本、講故事。小米兩歲，她陪孩子數數、拍皮球，到公園裡認花草樹木，到水果店認水果……小米三歲，她陪孩子搭積木、玩黏土、畫畫、編兒歌……小米四歲，她陪孩子打羽毛球、放風箏、下象棋、做科學小實驗……小米五歲，她陪孩子下圍棋、寫故事、做繪本、玩樂高……小米六歲，媽媽慢慢放手，從看著孩子和朋友們瘋玩，到放心地讓孩子和朋友們自己玩，自己去跑步。她孝敬老人，十分順從，但苦口婆心勸說老人，請老人不在孩子面前看電視、玩手機。

在小米接觸電子產品之前，已經閱讀了大量的書。因為小米爸爸媽媽也非常喜歡看書，一家三口常常看完同一本書後，熱烈地交流討論。家裡到處都是書，所以小米從小就覺得看書就和吃飯、睡覺一樣是個自然的生活必需品。爸爸媽媽也喜歡帶小米去旅行，小米最喜歡大海和沙灘、美術館和自然博物館。

在等車、坐車等無聊的碎片時間裡，一家人發明各種各樣有趣好玩的遊戲，比如各種花樣翻新的猜謎遊戲，猜成語、猜猜我想什麼、猜猜我有多愛你……

著名心理學家阿德勒（Alfred Adler）深入探討了生命的意義。他寫道：「世界是豐富多彩的，對每個人而言，世界從來不是客觀的。」

確實如此。我們都生活在同一個星球，但有些人覺得這個現實世界十分迷人和有趣，充滿了無限的可能，有些人卻覺得枯燥乏味，充滿了壓力和無奈，只想逃進虛擬世界獲得自由和放鬆。為什麼呢？因為有些人成功的在現實生活中找到了存在的價值和意義，不管這個意義是出人頭地，還是成就自己，而有些人卻總是如霧裡看花，迷迷糊糊地度過一生。

對當今的孩子來說，無意義感恐怕是最大的陷阱，是他們叛逆、逃避、麻木的根源，所謂的「空心人」，是一個越來越龐大的群體。在高度發達的都市文明中，孩子從身體到精神，都被困在一個又一個的小格子裡。教室、臥室、車廂、百貨公司、餐廳、室內遊樂場，無非是大小不同的格子。日復一日在這樣的環境中長大，孩子覺得現實生活乏味、虛擬世界有趣，實在是可以理解的事情。

我們要增加現實社會的樂趣，就要放大孩子的世界，放飛孩子的心靈，從本質上說，就是從三個維度幫孩子尋找生命的意義：我和世界、我和他人、我和自己。

引導孩子和世界建立連繫，讓孩子體會這個世界的廣闊、深邃和美好，可以提升孩子的人生格局，讓孩子既有翱翔的翅膀，又踏實地站在這個星球的土地上，不會被狹隘和虛無俘獲。對於尚未真正踏入社會的孩子來說，和世界建立連繫的最好

方法有以下兩個途徑。

一・閱讀

有一句詩很暖心：「你或許擁有無限的財富，一箱箱的珠寶與一櫃櫃的黃金。但你永遠不會比我富有——我有一位讀書給我聽的媽媽。」

然而閱讀的意義絕不止步於親子關係，閱讀是穿越日常生活，在古今中外的時空，與不同領域最精華的知識對話的過程。一個孩子讀書破萬卷，不但理解能力和學習能力得到突飛猛進的發展，而且開啟心智，學會自我反省和調節情緒，獲得獨立思考的火種。當孩子懂得去思考，懂得品嘗智慧之美，懂得把自己和廣闊的世界連繫起來，才不會變成「空心人」。

二・旅行

旅行對孩子的意義同樣無比珍貴，它不僅讓孩子真正看到世界，看到瑰麗的高山湖泊、大海沙漠，而且和自然互動的過程，也是最容易讓人找到生命本源意義的過程。

亞洲歷來有「遊學」的傳統，「讀萬卷書，行萬里路」，缺一不可。因為先賢們主張「不登高山，不知天之高也；不臨深溪，不知地之厚也」，我們對世界的認知和感情，都需要雙腳的丈量，路走得越扎實，我們的心靈越安定充實。西方也一樣，有考察遊歷的傳統。達爾文（Charles Darwin）在「貝克爾號」上遊歷了五年，才有了後來石破天驚的《物種起源》。

然而我們需要強調的是，遊學和吃喝玩樂、看景點、拍照、購物的旅行不同，後者恐怕無益於開闊孩子的胸襟，也無益於氣質的培養。我說的遊學是浸入式的、有主題的、圍繞孩子的需要來規劃的。比如，有些孩子喜歡博物館，去巴黎玩的時候，何妨捨棄香榭麗舍大道而把大多數的時間都放在羅浮宮呢？如果孩子喜歡設計，那就在香榭麗舍大道慢慢徜徉吧。如果孩子喜歡建築，那就做好攻略，巴黎聖母院、楓丹白露……

和他人保持聯繫，在和父母的相處、和老師的相處，更重要的是和朋友的相處中盡享親情之美、友情之美、合作之美，對一個人的人生至關重要。一個擁有深厚感情支持的普通人，比一個寂寞寒冷的成功人士，更能體會到在世為人的幸福。而如何與他人相處這份禮物，是我們從小就應該饋贈給孩子的。具體來說有如下內容。

（一）**社交**。沒有人是一座孤島，孩子從來不是一座孤島。孩子在零到三歲時，最需要的是母親。媽媽要用大量的時間陪伴他、回應他、溫柔地跟孩子說話，孩子才會建立起安全感，習得初步的社交能力。三到六歲，所有的家人都是孩子的好朋友，孩子逐漸建立起幾條穩定的、層次清晰的社交關係線。六到十二歲，孩子慢慢學會交朋友，和朋友們一起磨合相處，合得來、接觸容易的玩伴是他最重要的社交資源。十二歲以後，孩子逐漸擁有真正的、穩定的、以價值觀為基礎的朋友。

這個過程，爸爸媽媽請不要缺席，不要因為工作缺席，更不要因為玩手機而隱形缺席。如前述所言，我們在孩子的社交圈中，會逐漸從天一樣、神一樣的全覆蓋慢慢縮小、再縮小，直到孩子不再需要我們，視我們為義務。在孩子成年後，我們會越來越孤獨。漫長的中老年時光，我們有的是時間和電子產品為伴。所以在孩子需要的時候，放下手機，享受陪伴孩子的時光，引導他學會在關係中生存，學會付出愛，學會交朋友，學會合作，這是為人父母應盡的責任。

（二）**遊戲**。遊戲的重要性無與倫比，孩子有強烈的遊戲需求，同時在遊戲中學會一切，包括習得社會性、情感反應等。我們如果剝奪了孩子的遊戲，就剝奪了孩子的個性完整。孩子如果小時候玩不夠，長大了一定會找機會補償。

我們要從廣泛和自然這兩個角度來理解遊戲，帶孩子們玩各種遊戲。借助工具的遊戲，包括黏土、畫畫、樂高積木、風箏、鐵環、陀螺、小汽車、水、沙子、沙包……不借助工具的遊戲，比如捉迷藏、老鷹抓小雞、木頭人、鬥雞、翻山羊、警察抓小偷、扮家家酒、兩軍對戰……整體來說，前者偏重技能，後者偏重社交。

孩子在不同的年齡階段會有不同的偏好。帶孩子玩遊戲，或者讓孩子和同伴玩遊戲，核心的原則是孩子喜歡，玩得開心盡興。家長可以想辦法在遊戲中融入學習的內容，但要不露痕跡，不影響孩子玩耍的興致。

最後，和自己的連繫。很多人終其一生，都不曾遇到過自己，不曾關愛過自己，自己的身體、自己的心靈、自己的精神都像散落在沙地裡的金粒，從未得到關注與愛。這多麼可悲啊。我們為人父母，應當教會孩子充滿深情的熱愛自己、照顧好自己，從身體到精神。

（三）**運動**。運動是和自己身體真實連結的過程。運動對孩子成長的滋養是多方面的。運動不僅讓孩子身體強壯，也讓孩子內心強大。孩子會因為身體能量的成長，變得更有自信，更會在運動中豐富自己的心理體驗，獲得心靈的成長。運動還會讓孩子性格更開朗，更容易融入群體，學會合作。而合作精神和合作能力，幾乎

是一個人獲得幸福的根本保障。

長時間有長時間的運動方法，碎片時間也有碎片時間的運動方法。前者可以有各種球類運動、游泳、擊劍、登山等，後者可以短跑、跳繩。這一點，其實孩子們比我們更擅長，課間十分鐘，他們會發明出無數的遊戲，多數都和跑跳有關。

（四）**創造**。孩子有豐富的創造力，有無窮無盡的想像力，這才是我們真正要呵護的東西。因為不管是藝術還是科技，創造才是靈魂。

我們應該給孩子支持和土壤：孩子要塗鴉，就給他畫布和一面牆。孩子要編故事，就準備一個本子盡情記錄。每個孩子都曾經是位詩人，都曾說出過詩一樣的語言。孩子要發明新遊戲，就陪他玩。保護孩子的創造力，就是保護孩子的未來競爭力，也是保護孩子獨一無二的心靈世界。

雖然資訊世界勢如破竹，但真實世界裡上述這些東西仍然深具價值。從心靈角度來看，這些美好的東西值得人類傳承和留戀。從功利角度來看，這些東西讓孩子的思想和心智具備不斷升級的可能，孩子更有可能成為智慧時代的主人而非奴隸。

把手機和現實生活連接起來

卓越的人們，一邊握著數據世界的便利高效，一邊享受現實生活的豐富美好。

把手機和現實生活連接起來，是現在正在快速發生的事情。我們可以用APP下單叫外賣，但美食刺激味蕾的感受是現實的。我們可以用手機訂飯店，但身體接觸柔軟的棉被是現實的。我們玩手機電腦遊戲，但遊戲裡的資源是來自於現實的。我們使用手機和朋友接觸，但網路另一端的那個人是現實的。

如果我們深入討論現實和虛擬的關係，我們會發現，它們並非涇渭分明，而是越來越水乳交融。這個發現，對孩子有什麼意義呢？

首先我們先看看孩子主要用手機玩什麼。有一位教育專家，專門就這個問題做了研究，得出的結論是，孩子們依賴手機主要有以下三種類型。

第一類是社交型依賴，也就是手機通訊錄裡有兩百個好友、facebook裡有三百個好友、line各種群組裡面還有四千多個好友，強大的人脈關係讓孩子實在難以割捨。

第二類是遊戲型依賴，孩子手機裡面的遊戲很多，在長期的「戰鬥」中累積下來

的功勛和經驗使孩子不忍離去。

第三類是娛樂型依賴，手機裡面好友不多，遊戲不多，全部都是電影、音樂、電子書。比如動輒就上百集的連續劇、網路小說等。

如果我們再把孩子的年齡考慮進去，就會發現第一類、第三類國高中的孩子比較多，而第二類則是涵蓋了更小的孩子。

在這裡，我們就以遊戲為例，來討論一下如何實現遊戲為現實服務。

一．和孩子聊遊戲

孩子十分喜歡一款遊戲的時候，如果任他去玩，孩子很容易沉迷，而且那種無法控制自己的內疚感、羞恥感甚至毀滅感是極其可怕的。對孩子還沒有發育成熟的心理能力來說，上癮是摧毀性的打擊。所以家長一定要從小開始，堅定不移地培養孩子的自控力，控制孩子玩遊戲的時間，這是前提。

但同時，我們也要了解到，那種對一個遊戲上癮又不能玩的焦慮，也是非常折磨人的。那些曾經有戒菸、節食減肥經歷的家長應該對此很清楚。這個時候我們需要為孩子找一個代替品，這個代替品就是陪他聊天，聽他描述他是怎麼打遊戲的。

此時，我們要不動聲色，不鼓勵也不評判，就是平靜的聽他講，舒緩他的焦慮。在聽的過程中，發現這個遊戲的資源和危險所在。

二・遊戲現實化

我們可以鼓勵孩子，利用現實的工具重演電子遊戲。

比如打打殺殺的小遊戲，兩個人拿著不同的武器對砍，可以用樂高積木裡的小人演繹。不同的武器、不同的大招、不同的升級規則、不同的大魔王、不同的勝利條件，就讓孩子來想像、設計和決定。

比如角色扮演遊戲，可以卡牌化。可以引導孩子把每個角色畫出來，他的得意技能、武器、攻防力、血量等，在一張卡牌上標明，大家可以打牌。比如回合制遊戲，可以飛行棋化。引導孩子自己設計棋盤，設計條件，和孩子一起玩等。

對更複雜的策略策略遊戲，還可以故事化。比如我們可以說：「寶貝，你剛才這場戰役真是險象環生啊，我們合作把它寫成一個故事吧。在一個美麗的草原上，有一個古老的維爾圖王國。這個王國資源豐富，到處是木材、黃金和寶石，但只有勇敢的戰士才能為王國打下金礦。這一天，年輕的將軍凱利帶著一支軍隊出發

了……」

三・把遊戲用作學習資料

比如聊遊戲學作文——讓孩子描述一個遊戲裡的人物，這個人的外貌、特徵，讓爸媽來猜，以此來鍛鍊觀察描述能力。孩子可能會說出很多漂亮的描述，比如「我生活在森林裡，每天清晨頂著一個角在森林裡徜徉。猜猜我是誰？」再比如聊遊戲練算術——媽媽和孩子扮演遊戲裡的兵，我有兩百二十五滴血，你咬掉了我二十六滴血，還剩多少？孩子玩得不亦樂乎，也鍛鍊了心算。

四・學習遊戲的核心精神

上面提到的《傳說對決》為何如此迷人？一個在賓州大學留學生提出了很好的分析：這個遊戲最大的魅力在於「隨機獎勵」，打贏一場遊戲相當依賴機率，哪怕是高手也無法準確預測結果。所以對孩子的心理影響是：如果我贏了，那麼就非常有成就感。如果我輸了，也幾乎沒有挫敗感。更讚的是，結束後可以觀看戰鬥過程，輸贏原因、每個人的表現一目瞭然，我可以從失敗中學習。

除了不懼怕失敗，還有團隊合作、各有所長。在一個團隊中，每個人都要有團隊精神，大家都在奮力打怪，如果一個人不出力，就會被舉報，以後就沒人帶你玩了。每個英雄人物都不完美，都有優缺點，你有擅長的，但有時候又必須適應自己不擅長的。都是愉快的、恰到好處的挑戰。

這些都督促我們反省，這些心理素養，我們在現實生活中教會孩子了嗎？我們的家庭環境、學校環境有沒有給孩子留下這種印象：贏了超有成就感，輸了也沒事？我們更多灌輸給孩子的是：贏了這次，還有下次，考試總是一次接一次。輸了太可怕，無顏見父母，無顏見同學。我們有沒有給孩子一個溫暖的團隊？爸媽和孩子是一個團隊，每個人都在努力都在衝鋒，我們互相支持卻絕不互相指責，有嗎？我們有沒有發自內心的認同，每個人都不完美，我們接受自己的一切，也接受並深愛孩子的一切？自問我們有做到嗎？

大部分的答案，恐怕是沒有。我們致力於培養完美的孩子，給了孩子太多的壓力。我們焦慮至極，不能容忍孩子試卷上的任何一個錯誤。我們到處比較，不願意讓孩子做他自己。我們停止成長、得過且過，把希望都寄託在孩子身上……

這些心理素養的缺失，讓孩子孤獨，讓孩子迷茫，讓孩子不得不到虛擬世界去

尋找意義和溫暖。

所以，我們要向遊戲學習，才能讓孩子不被遊戲控制。電子遊戲的「勢力」越來越大，我們要學會全方位的、系統的做好家庭教育來抵禦它、疏導它、駕馭它。所以，結束最當下、最展望未來的這一章，請允許我回到最古老、最回溯歷史的一個故事：

往古之時，四極廢，九州裂，天不兼復，地不周載。火爁炎而不滅，水浩洋而不息。猛獸食顓民，鷙鳥攫老弱。於是女媧煉五色石以補蒼天，斷鰲足以立四極，殺黑龍以濟冀州，積蘆灰以止淫水。蒼天補，四極正，淫水涸，冀州平，狡蟲死，顓民生。

第五章　兒童時間管理訓練法（一）

——清單規劃時間

時間管理的方法形形色色，但建立時間和任務清單，是所有方法的基礎。從小養成清單思維，可以讓孩子更高效地利用時間，做到學習玩耍兩不誤。更重要的是，養成用清單規劃時間的習慣，會讓孩子受益終身，讓他們遠離低效勤奮，迎來高效人生。

本章的重點主要包括如下內容。

．清單思維：把需要記憶的事項外包給清單，讓大腦集中力量做判斷。
．任務清單關鍵詞：教會孩子用目標、分類、分步和資源，一步步制訂任務清單。
．「時間塊」法：教會孩子用「時間塊」的方法制訂清單，而不是按小時。
．時間清單留白：教家長為孩子未來發展、親子關係、社交發展安排時間。
．思維清單：教會孩子用清單來發展要點思維、對比思維和多角度思維。

從任務清單開始

孩子剛剛開始接觸清單，要從任務清單開始。一方面，我們管理時間的目的，是更好地完成任務，任務是根本。另一方面，任務貼近生活，孩子感知起來更容易。

優優是妹妹，四歲，上幼稚園中班。前前是哥哥，九歲，上小學三年級。放暑假了，媽媽要帶前前和優優去外婆家。媽媽要他們自己收拾東西，優優和前前興奮的大叫，這個也要帶，那個也要帶。三個人帶了大包小包，結果到外婆家卻發現，前前的一本作業沒有帶，而優優最愛的那個粉紅色水杯也忘記帶了。很久不玩一次的玩具倒是帶了很多。優優的包包裡還裝了三包草莓餅乾，但是外婆知道優優愛吃這種餅乾，提前就給她準備好了。媽媽嘆氣道，早知道這樣，就自己動手收拾東西了。

其實媽媽不需要嘆氣，媽媽只需要教會前前和優優做任務清單就好了。

有些家長會說，這是一件小事，何必要這麼麻煩呢？直接給孩子叮囑一下帶什麼，多省事。話不是這麼說，孩子和孩子之間的差距，就是從這樣的小事開始，逐漸累積，最後變成天差地別的。一張小小的清單背後，既是做好規劃、尊重時間、自己負責的意識，也是腳踏實地、尊重科學的態度。

從意識的角度講，當孩子開始動筆，把制訂的計畫和安排寫下來和只是在腦子裡想過一遍，效果是不一樣的。透過寫，孩子開始進行任務分解的刻意練習。在他未來的人生中，他將一次次地重複這個過程，任務有大有小、有難有易，但本質是相同的。從小訓練有素，讓孩子從容不迫；從小缺乏訓練，則會讓孩子在面對重大任務時驚慌失措。

從科學的角度講，腦科學的研究發現，人一次性最多能記住七個左右的資訊，再多就容易出錯。清單的價值在於「外包」，把需要記憶的事情外包出去，讓大腦集中精力做判斷。也就是說，寫下幾行字，或者填個簡單的表，就能讓我們的大腦更

加高效。

那麼怎麼教孩子做任務清單，並訓練孩子的清單思維呢？讓我們回到前前和優優的故事，來看看任務清單的幾個關鍵詞。

關鍵詞一：目標

去超市買東西，和出門旅行，當然要準備不同的任務清單，這是因為目標類型不同。所以家長要做的第一步，就是向孩子示範，清楚的描述任務目標。

比如這個故事裡，媽媽要清楚地告訴前前和優優：我們要去外婆家過暑假。我們會搭乘高鐵，從我們的城市到外婆家，需要兩個小時。我們會在外婆家住一個月，你們可以在那裡玩，還需要寫作業。一個月後，我們搭乘高鐵回到自己家，還是需要兩個小時。現在媽媽交給你們一個簡單的任務，你們把自己需要帶的東西寫下來，然後按照上面的內容去收拾。優優如果有不會寫的字，也可以畫出來。

孩子們會開動小腦瓜去想，寫出很多東西，當然會有一些是不需要的，有一些是漏掉的。媽媽這時候要去過目，然後一一去解釋。這個過程中，媽媽要用到第二個關鍵詞。

關鍵詞二：分類

分類是重要的邏輯思維能力。孩子從一棵小幼苗長成一棵小樹苗的時候，也就是在孩子五六歲的時候，他們開始逐漸發展邏輯思維能力。這個時候，我們不一定非把孩子關在教室裡學數學才能幫助他們。事實上，在生活中的許多方面，我們都可以向孩子去示範和展示如何進行高效的邏輯思維。

就制訂任務清單而言，分類也是其中關鍵的一步。當媽媽拿到前前和優優的任務清單後，就可以用分類的思想來幫孩子修改清單。比如媽媽可以這樣說：「我們要在外婆家學習、玩耍和生活共一個月。學習方面，前前帶了作業本，優優帶了圖畫書，很好。前前是不是還需要帶你的學習機和故事書呢？玩耍方面，優優帶的玩具太多了，前前確定不帶你紙箱王的槍嗎？生活方面，優優不要帶草莓餅乾了，你那個每天都抱著的粉紅公主杯要不要帶？還有你們倆的衣服鞋子也需要寫上去哦！」

在分類理念的指導下，媽媽初步修改好了前前和優優的任務清單。接下來就是對其中幾個大項細化，比如衣服、作業還可以寫得更細一點。這裡要進入第三個關鍵詞了。

關鍵詞三：分步

對於簡單的任務清單來說，比如去超市買東西，只要簡單羅列就可以了。對於孩子初步的練習來說，到分類就足夠了。但較複雜、時間長的任務，就會涉及分步了。

比如前前和優優去外婆家過暑假，時間是一個月。媽媽交給前前和優優的任務，只是整理自己的東西，分類列出清單就足夠了。但對媽媽來說，就沒有這麼簡單了。媽媽的清單裡要包含訂票、收拾東西、準備禮物、按時出發等，這就是一個分步清單了。

關鍵詞四：資源

當我們在製作一個任務清單的時候，要根據資源情況來調整我們清單的項目。比如我們要去旅行，住朋友家、住酒店、住民宿、露營的情況不同，清單的內容也將十分不一樣。我們乘坐的交通工具是開車、租車、飛機還是客運，我們需要準備和考慮的東西也不一樣。

因此，資源情況，也是我們衡量清單的一個重要關鍵詞。

上述四個關鍵詞，家長要心中有數，但教給孩子的時候，要循序漸進，從最簡單的、最初步的開始。

我們按照從易到難，列出兩個清單的例子，供家長參考（見表5-1、表5-2）。

表5-1　任務清單一：去超市買東西（適合年齡：一到五歲）

寶寶要買的東西	
1	
2	
3	
……	

表5-2　任務清單二：去外婆家過暑假收拾個人物品（適合年齡四到十歲）

我需要收拾的個人物品					
學習相關□		玩耍相關□		生活相關□	
□1	作業（作文本、計算本）	□1	玩具槍	□1	藍色水杯

□2	課外書2本	□2	陀螺2個	□2	衣服
□3	文具和（鉛筆、尺子⋯）	□3	樂高積木	□3	電動牙刷
□4	⋯⋯	□4	⋯⋯	□4	⋯⋯

真正的時間達人，一定是一位優秀的管理者。而管理的要義之一，就是學會分步。拿到一個任務後，透過「分步」的方法反覆拆分，拆成一個個小步驟，確保可以一一完成，這是最節省時間的做法，也是最成功有效的做法。當孩子養成這個習慣後，未來再大再難的任務也不會讓他望之卻步，因為原理是一樣的。這也是某位偉大的哲人說過的真理：「天下大事必作於細，天下難事必作於易。」

時間任務清單

當我們學會了分類和分步，我們就可以像庖丁解牛一樣，把任務拆解開。接下來我們需要做的事，就是把任務和時間匹配起來，形成生活中最常用的時間任務清單，或者說日程表。

萍萍九歲，上小學三年級。繁忙的一個學期結束了，萍萍終於盼來了美好的暑假。可以痛痛快快的玩了！可以好好讀幾本書了！可以去游泳了！可以看動畫了！可以玩電腦了！可以睡覺了！當然了，老師說萍萍的字寫得太潦草，這個暑假還得好好把字練一練。作業也得寫，英語也得每天讀。明確了這些任務後，萍萍開始興致勃勃的制訂時間任務清單了。她的清單見表 5-3。

表 5-3 時間任務清單

暑假日程表		週一	週二	週三	週四	週五	週六	週日
8:00-8:20	起床、洗漱							
8:20-8:40	讀英語							
8:40-9:00	吃早餐							
9:00-10:00	寫作業（語數英各 1 頁）							
10:00-11:00	玩電腦							
11:00-12:00	看課外書							
12:00-13:00	吃午飯							

13:00-14:00	午休							
14:00-16:00	游泳							
16:00-17:00	寫作業（語數英各 1 頁）							
17:00-18:00	下樓和小朋友玩							
18:00-19:00	吃飯							
19:00-19:30	練字							
19:30-21:00	看電視、吃水果							
21:00-21:30	洗漱、睡覺							

雖然願望很好，但現實中卻不一定能實踐。萍萍奮力按照這個完美的、兼顧了所有任務的日程表執行了三天，就開始慢慢懶散了，十點開始玩電腦，一玩就玩到了中午吃飯，午休常常睡到下午四點，然後直接出去玩了，看電視也完全停不下來……萍萍現實版的日程表逐漸變成了：

早上九點起床，洗漱吃早餐

九點半玩電腦，一直玩到中午
中午十二點吃午餐，然後午睡
下午三點起床後看電視，一直看到晚上
晚上六點吃晚餐，然後被爸爸媽媽趕著下樓去玩
八點回家看電視，一直看到睡覺
十點在爸爸媽媽的反覆催促下不情願地去睡覺

問題出在哪裡？家長無須指責孩子缺乏自制力，我們自己去實踐一下同樣做不到。想想你制訂的早起計畫、減肥計畫、每天閱讀三小時的計畫如何一一失敗就可以理解孩子了。

真正的問題是，這份日程表太嚴苛、太細和太脫離現實了。計畫越是理想化，現實的反力就越強烈，孩子越沒有動力去根據日程表來做事。越是努力去執行這個嚴苛的日程表便越焦慮，結果就無法堅持。這是有深厚的心理學依據的，我們每個人心裡都有三個小人，超我負責理想，自我負責現實，本我負責享受。如果超我太嚴苛，自我崩潰失靈了，那反而讓本我肆意橫行了。

對孩子來說，平時需要上學，放學後和週末還要做作業、上補習班，多數時間是被動的。只好利用好我們前幾章提到的技巧，為孩子節省出寶貴的休息和玩耍時間就好了。練習清單思維，單純的任務表就足夠了。所以我們這一小節講的時間任務表，主要是針對孩子的寒暑假。

寒暑假的日程表怎樣制訂才能有效執行？有幾個重要的原則和方法。

一・切塊法

孩子的日程表要用「時間塊」，不能用「時間條」。

所謂「時間條」，就是以小時為單位，把一天的時間像切胡蘿蔔一樣切成一條一條的。時間條是一種我們下意識地安排時間的方法。但遺憾的是，這種方法是很容易崩潰的，因為太嚴苛，太缺乏彈性了。假設說萍萍在做了一個小時作業後，還想多做幾道題，那可不可以呢？看一本書看得入迷了，必須停止嗎？這把大腦也拖入了兩難境地，不停止就會影響下面的安排，停止則會中斷愉悅感受。即使做任何事都不斷去看表，或者不斷被打斷，磕磕絆絆地完成了日程，但和最初制訂的嚴格的條條不符，孩子也不容易體會到成就感，仍然會有挫敗感。

所謂「時間塊」，就是以大段時間為單位，比如「上午」就是一個時間段，「晚上」又是一個時間段。時間段是寬鬆的、富有彈性的，容易讓孩子產生愉悅感和成就感，也就更容易堅持下去。比如萍萍的故事裡，她就可以把一天的時間分為早飯前、上午、下午、晚上四個時間塊。

在「時間塊」模式下，萍萍不再需要十六個時間點，她只需要三個時間點：早上八點起床，午睡後兩點起床，晚上九點半睡覺。其他的分割依賴於自然的三餐，無須看表。在時間塊內部，萍萍也擁有彈性的調節，比如寫完作業吃點水果再練字，都是可以的。

確立時間塊後，接下來的一步是去審視任務。

二・任務分類法

我們接下來要教給孩子梳理各項任務，不要一股腦地全部列進去，而是要用我們在第一小節裡面講到過的——分類法。

以萍萍為例，她的任務可以分為三大類：學習、運動、休閒。學習裡面包括寫作業、讀英語、練字。運動裡面包括游泳、下樓和朋友玩。休閒裡面包括看書、看

電視、玩電腦。

分類後，我們一一審視，發現學習中的各項都是每天必須完成的，運動中的游泳和朋友玩既可以都做，也可以每天交替做，休閒裡的項目則是可以很隨意的。

現在我們大概心中有數了，但把這些項目填到四個時間塊裡，我們還需要第三個原則和方法。

三．「要事先做」法

顧名思義，這個方法要求我們先做重要的事、必須做的事。我想，不管大人還是孩子，我們都經歷過，重要的事情早早完成後，接下來的時間裡都輕鬆愉悅。相反，如果我們把重要的事情留到了晚上，那麼雖然一整天都在玩，但壓力和沉重感滲透在我們這一天的全部時間裡。

既然我們已經透過分類審視，清楚地了解到必須做的是學習，可以交替做的是運動，可做可不做，但做起來很愉快的是休閒，那麼根據「要事先做」法，把這些項目填到四個時間塊裡，就很清晰了。下面就是綜合這三個原則方法後，萍萍最終的時間日程表，見圖 5-1。

時間清單裡要有留白

時間清單不是越滿越好，如果一個成年人的日程表排得滿滿的，除了吃睡等必要的生存，全無留白時間，也許還無傷大雅，我們頂多會說他是一個乏味的工作狂，或者擔心他的身體能否吃得消。但如果一個孩子的日程表這樣安排，就太糟糕了，因為會影響這個孩子的健康成長和未來競爭力。

小瑞八歲，上小學二年級。從小瑞上小學開始，媽媽就為他制訂了一個詳盡完整的時間清單。小瑞每天早上五點半起床，先讀半小時英語和半小時古文再吃早飯。下午放學後，吃完晚飯先看半小時國家地理頻道，上一個小時的課後輔導班，做兩個小時的家庭作業，晚

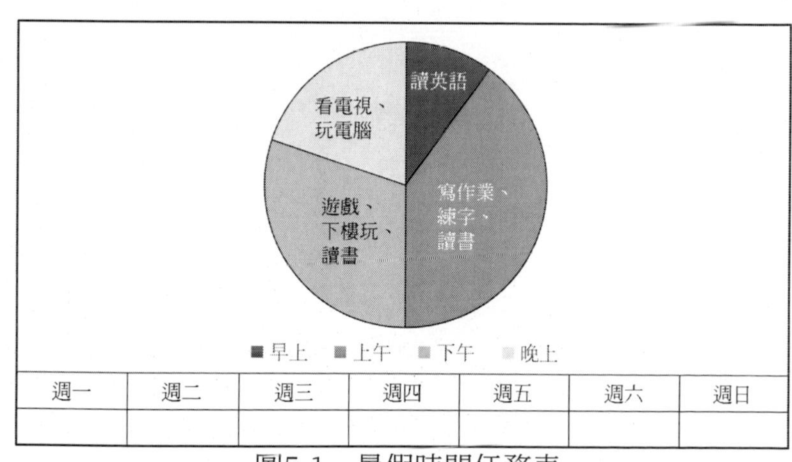

週一	週二	週三	週四	週五	週六	週日

圖5-1　暑假時間任務表

上十一點多才睡覺，每天只睡五六個小時。週末媽媽則為他安排了武術、游泳、珠心算、繪畫、圍棋、小提琴等五六個才藝班，把小瑞的時間填得滿滿的。同學們都很同情小瑞，因為每次約好一起玩，不管是讀書會，還是踢足球，小瑞永遠沒有時間參加。

小瑞長大後，會成為一個優秀的人，一帆風順的進入名校，一路走上人生巔峰嗎？也許會，也許不會。關鍵還是看，小瑞自己是否在這種安排中享受到樂趣，自主成長。坦誠地說，我認為如果一直沿著這個日程表走，不會的可能性更大一些。

因為這個日程表，看似合理，本質上卻華而不實，而且忽略了孩子成長中最重要的一些方面，比如親子關係、社交、自主能力。

和另一位媽媽蔡美兒比較一下，我們就能看得更清楚。蔡美兒也望女成鳳，每個週六讓小女兒上兩節小提琴課，還要練琴，嚴厲的要求女兒們的成績。但是，蔡美兒同時還這樣做：「我有一位美國丈夫，他認為孩子的童年應該擁抱歡樂。他經常和孩子們一起下棋或打迷你高爾夫球；最過分的是，還駕車帶著兩個孩子大老遠的跑到水上公園去玩危險的水上溜滑梯。而我最喜歡的活動是唸書給孩子們聽。每天晚上，我們一家四口都會坐在一起讀書，那是每個人都感到開心的愜意時光。」

蔡美兒的育兒經裡，在戰鬥之餘，對親子關係、閱讀、探險的關注和傾注從未缺席。而這些特質和她所強調的力量、自信心、刻意練習技能、挑戰卓越，共同構成一個孩子競爭力的基石。教孩子利用好寶貴的時間，教孩子努力奔跑和奮鬥，目的是要培養一個勤奮、聰慧，擁有自主性和感受力的人，而不是把孩子變成情感麻木的機器。

孩子的自主性和感受力無法空穴來風，它同樣需要時間的涵養。這就需要我們家長，保持謙卑之心，不要充當孩子的上帝，自以為是地全盤安排孩子的時間，而是要學會在孩子的日程表上留白。

一・留一些時間給孩子的未來

有位學者曾說過一段發人深省的話：「有時候孩子學到一定階段學不上去了，我個人認為在很大程度上就是他某方面的能力達不到了，再努力可能都沒有用，這是個很殘酷的事實，只是很多父母不願意接受。」

現實在不斷地印證這個觀點。很多國中老師發現，一些在小學階段投入大量時間和精力奪得高分的孩子，在升上國中後反而學不動了，慢慢被超越了，再怎麼縮

減睡眠、拉長學習時間，似乎都不管用。相反，另一些孩子卻越學越輕鬆，不知不覺地走到前頭去了。到了高中、大學，這種情況就越來越明顯。

孩子像一棵樹，我們要悉心培育和涵養的是別人看不見的根。根越深，樹才能長得越高。家長情願孩子被家庭作業和補習班占據所有時間，也不捨得孩子拿出時間去閱讀和玩，這是造成孩子後勁不足、能力不富、高分短命的根本原因。

親愛的家長，一定要在日程表上留出時間讓孩子大量閱讀。有些家長說，我的孩子也在讀書啊，二年級，每天讀半小時，每天一本繪本。坦白說，這是遠遠不夠的。閱讀要從娛樂手段變成能力蓄水池：第一需要量的累積；第二需要思考的輔佐；第三需要實踐的互促。

先說量的累積。有一個專注研究閱讀的老師，曾經提出過參考標準。三到六歲的幼兒，一年的閱讀量要達到五十萬到一百萬字才可以使閱讀能力萌芽。一二年級孩子每年閱讀量不能低於一百萬字（正常是一百萬到兩百萬字），三三年級每年不能低於兩百萬字（正常是兩百萬到三百萬字），四五六年級每年不能低於三百萬字的閱讀量（正常是三百萬到五百萬字，有些閱讀量大的孩子可以每年達到一千萬字以上）。這個數字聽上去很驚人，但是沒有量變，不可能有質變，每天讀一本繪本或者一兩章書，只能稱為健康的娛樂，這和透過閱讀發展建設各種能力是兩個概念。

再說思考的輔佐。學會思考，正確有效的思考是漫長的人生任務。很多成年人一生都在依靠直覺和想像來生活，而不是依賴可驗證的邏輯思維。因此，發展孩子的思考能力，也不是一日一時之功。我們可以從一起討論孩子剛剛看過的一本書開始，比如「我覺得小鹿斑比很堅強，你覺得呢？」、「我覺得那一刻，帥狗杜明尼克似乎做錯了。如果是你，你會怎麼做呢？」但是一定要記住，這些交談要輕鬆愉快，父母要和孩子一起享受，引導絕對不可以變成提問和拷問。

實踐的互促非常好理解，人們不管是心智的成長，還是能力的提升，主要就來自於兩大類：體驗和觀察。在現代社會的條件下，前者主要靠實踐，後者主要靠閱讀。玩耍是孩子童年的重要任務，因為他需要體驗，在遊戲中體驗他習得的社會規範，在大自然中體驗他學到的各種知識，在旅行中體驗開放包容的文化信念。

如果我們把孩子全部的時間都消耗在應對現在和狹隘的升學，我們如何有時間教他們應對廣闊的、真正的未來？

二・留一些時間給親子關係

如果孩子小時候某一門課程沒有學好，他在未來還會有很多的機會去彌補，前提是如果需要的話。但如果孩子小時候沒有和父母建立起良好的親子關係，那將是很難彌補的。

親子關係是培養孩子的氧氣。我們都希望孩子成功、幸福。我們也都知道，一個成功的人，需要的品格是進取、自信、勤勉、自律，善於思考和合作。一個幸福的人，需要的品格是感恩、珍惜、平和、包容，善於共情和自省。但遺憾的是，這些品格並沒有全部藏在教科書裡，也沒有藏在補習班裡，它們藏在親子關係裡，藏在你的愛和榜樣裡。

每天留一點時間和孩子談心，停下手中所有的事情，認真地聽他說話。每天發現你孩子身上的珍貴特質，並讓他們知道你有多麼地欣賞和珍惜。

利用好餐桌上的時間，友好地和孩子交流近況，討論問題，甚至玩些有趣的遊戲。

利用好上學路上的時間，和孩子漫無目的地開玩笑也好，聊天也好，讓他感受到你的愛與快樂。

不斷創造新的家庭儀式，比如每週一次吃美食看電影的時間，或者在柔和的燈光下一起讀書的時間，或者小型的家庭主題討論會。

三・留一些時間給孩子交朋友

擁有親密關係，擁有深厚的友情，是人類最美好的體驗之一。當今社會，家裡孩子少，又功課繁重，家長工作忙又很多雜事。但這些都不是我們把孩子困在家裡和補習班的理由。

同樣的，好朋友不是天上掉下來的，而是我們付出了時間和陪伴，在共同的相處中逐漸交心的。如果孩子每天都很忙，像小瑞一樣，所有的時間是排滿的，不參加任何小朋友的玩耍聚會，一定會錯失很多快樂和朋友。

四・留一些無聊的時間

最後這一點非常難，但我認為非常重要。孩子的成長需要一小點無所事事的閒混的時光。也許一週中有一個下午，我們可以允許孩子不學習也不休息，就這麼無

聊地待著，做做白日夢，或者摸摸玩具，每個房間瞎逛，閒極無聊摺個紙飛機，然後去彈彈兩下電子琴，再隨手去研究下指南針。

時刻繁忙的大腦偶爾安靜下來，會發揮出意想不到的奇妙化學反應。苦苦思索的阿基米德（Archimedes）在溫熱舒服的洗澡水裡想出來浮力定律，在看似無聊瑣碎的時光和事件中，孩子的大腦能得到它們應該得到的休息和重新整合，甚至爆發出創造力。如同史丹佛大學的馬克爾．格雷瑟斯研究指出的，當人們的大腦處於休息狀態時，不同的神經元不再是隨機無規律的波動，而是呈現出一種有規律的「共振」。它們參與著與人密切相關的記憶的篩選、分類工作，這一過程可能伴隨著大量的神經連結建立。

很多時候，倒是我們家長，不敢在這個競爭激烈的時代，允許孩子保留無聊的時間，哪怕一點點。五歲的孩子在池塘邊玩水，我們如果不藉機上一堂微生物課就會心懷內疚。為什麼呢？

一是因為家長自我投射的責任感。全職媽媽們常常抱有一個想法，既然養育孩子是我的職業，那我一定要做到盡善盡美，我的育兒理念要先進完美，我的孩子要優秀出色，這才不辜負我的犧牲。相反，職業媽媽們心懷內疚，因為不能常常陪伴孩子，所以一定要求自己陪伴孩子的每時每刻都是高品質的。這種沉重的責任感，其實從一定程度上不僅損害了我們為人父母的樂趣，也損害了孩子自然、飽滿、富有彈性的生命體驗。

二是因為家長自我投射的對無聊的恐懼。如今人人都很怕無聊，我們甚至無法忍受半分鐘的無聊。時間越碎片，我們越要用各種刺激填滿。我們越依賴刺激，我們的時間越碎片。對孩子也是一樣。一旦孩子覺察到無聊，我們馬上著急地為他們想出一種富有刺激性的娛樂。然而，處理無聊不也是一種重要的能力嗎？感知自己、調解自己的能力，掌控生活節奏的能力。

每個生命都有其成長的內在規律，無聊的時間是一種必要的調整，讓人可以觸摸到張弛有度的，如潮汐般的生命，讓成長更飽滿，讓步伐更從容。

清單還能用在哪裡？

任務清單和時間清單，會讓孩子逐漸形成清單思維。一旦養成了列清單的習慣，我們就會發現，清單的應用範圍非常廣泛。

圓圓十歲，上小學四年級。自從學會了使用清單後，圓圓的學習生活效率大大提高了。有一天，老師跟同學們說：「你們不但要讀書，還要做讀書筆記。下一週開始，每個同學都要到講臺上來分享你讀過的一本書哦！」圓圓有點擔憂，如果講著講著忘記了內容怎麼辦呢？想啊想，有了，我可以寫一個演講要點清單啊。說做就做，圓圓很快就做好了她的演講清單（見表 5-4）。

表 5-4　圓圓的演講清單

《小鹿斑比》讀書分享					
□內容		□人物		□亮點	
書名		勇敢、堅強		思想	
作者		慈愛、執著		語言	
梗概		活潑、聰明		結構	
主題		智慧、堅韌		細節	
……		……		……	

事實上，清單的使用非常廣泛，不管是專項任務，日常生活，還是整理思維，

我們都可以借助清單的力量。任務清單和時間清單，我們前面介紹的比較多了，下面我們看一下用清單整理思維的幾種方式。

一・要點思維清單

這是最常見的一種思維清單。在網路上稍微一搜尋，我們就能看到鋪天蓋地的清單，比如讓自己更優秀的清單、關於如何挑選一本好書的清單、關於讓孩子愛上閱讀的清單……涵蓋各個行業和領域。

這種清單的好處，是把一個領域內最核心最重要的東西，用清單的方式一條條列出來，提綱挈領，一目瞭然。通常來說，這種清單既包含知識，又包含心得。對寫的人來說，充分整理了思路，分析了觀點，形成了自己獨特的體系。對看的人來說，則是用最少的時間，了解到最精華的內容，十分高效。

對孩子來說，用這種清單來磨練要點思維能力，或者說抓重點的能力，也非常好用。比如孩子讀完一本書，就可以列一個讀後感清單。孩子一個學期結束後，也可以列一個總結清單。

二．對比思維清單

對比思維，是一種十分重要的邏輯思維。在學習和生活中，讓孩子接觸不同角度的資訊，透過比較和對比分析其中的關係，有助於孩子從低級思維能力走向高級思維能力，提高其思維品質。

清單，在鍛鍊孩子對比思維上，具有得天獨厚的優勢。很多時候我們和孩子的溝通解釋，無須太多的語言，只要一個對比清單就一目瞭然。

我們舉兩個例子，一個是五歲的陽陽哭鬧著不去上繪畫班。媽媽很奇怪地問他，你不是很喜歡畫畫嗎？陽陽點頭說是。媽媽說，那麼你為什麼不去上畫畫班呢？陽陽表達不清楚，生氣的哭了起來。後來媽媽終於明白了，在陽陽的小黑板上寫出了這樣一個對比清單。陽陽眼睛一亮，不哭了，和媽媽一起認真地填了起來。這是結果，見表 5-5。

表 5-5　對比清單

陽陽喜歡做的事	陽陽不喜歡做的事
畫畫	上畫畫輔導課

看書	上幼兒園
吃水果	吃飯
玩黏土	睡覺
……	……

填著填著，媽媽懂了：「你喜歡畫畫，但不喜歡上繪畫課。你喜歡學習，但不喜歡上幼稚園。」陽陽高興地點頭。媽媽笑著說，這個清單不完整，還要加上一項，見表 5-6。

表 5-6　新對比清單

陽陽喜歡做的事	陽陽不喜歡做的事	陽陽應該做的事
畫畫	上畫畫輔導課	上畫畫輔導課
看書	上幼兒園	上幼兒園
吃水果	吃飯	吃飯
玩黏土	睡覺	睡覺

……	……	……

陽陽贊同，媽媽和陽陽實現了自然的交流和溝通。媽媽無須說很多道理，陽陽就明白了，應該做和喜歡做是兩個概念，尊重喜歡，遵守應該。而媽媽明白了，一個不喜歡上學和上繪畫班的孩子，可能非常喜歡學習和畫畫。

第二個例子，是九歲西西的故事。西西的爸爸在網路上買了一件衣服，但是收到貨卻發現衣服上有瑕疵。爸爸要給差評，但是客服打電話過來並誠懇道歉，不但要重新寄一件新的衣服，還退錢給爸爸。爸爸覺得很滿意，於是撤銷了差評。西西困惑又憤怒的問：「爸爸你接受賄賂了嗎？」爸爸說：「當然不是！」但是又覺得很難解釋。爸爸想了很久，為西西列出了一個清單，見表5-7。

表5-7　爸爸的清單

情境	判斷	結論
1 一個市長，收受了一個公司給的50萬元，然後把為城市修建大橋的項目給了這個公司去做		

2一個採購員，為公司買釘子，很多人賣釘子，其中有一家給了這個採購員 100 元，於是採購員買了他的釘子		
3一個人在淘寶買到破損了的東西，因為對方給出了合理賠償，撤銷了差評		
4一個媽媽，周末想去划船，但爸爸想去爬山。媽媽對兒子說，你如果贊同我，明天早上給你做蜂蜜蛋糕。兒子接受了		

爸爸的問題是，請問這些情境是受賄嗎？西西在這個對比中，做出了判斷：情境一和情境二是違法受賄，情境三和情境四似乎算不上違法受賄。爸爸贊同地摸摸西西的小腦袋，告訴西西：「你說的很對。個人利用職務上的便利，索取他人財物，或者非法收受他人財物就是『受賄』，這是我們共同思考得出的結論。」

西西笑著說：「我知道了，現在該我考你了。我也寫出一個清單，你來判斷是什麼。」下面是西西的清單，見表 5-8。

表 5-8　西西的清單

情境	判斷

1老師對小明說，如果你期末考90分以上，我就獎勵你兩個作業本	
2一個人買礦泉水，賣的人說，如果買3瓶，就減1塊錢	
3一個人賣東西，想賣10塊，但買的人非要給8塊，最後他們決定成交價為9塊	

爸爸說：「我那個清單是同一概念的程度差異。你這個清單變成相近概念的細微辨析了。不過這也難不倒我。這三個情境分別是激勵、促銷和協商，都不是受賄。」

西西高興的說：「答對了！」

三．多角度思維清單

清單在訓練孩子從多個角度來看待事物、理解事物上也很有幫助。我們舉個小例子。十歲的笑笑有一天放學回來，嘟著嘴生氣。

媽媽問她怎麼了，笑笑生氣地說：「我再也不和小美玩了！一想到她就生氣。」媽媽說：「發生什麼事了?」笑笑說：「小美說我壞話！小美和莉莉打架，我是班長，就唸了她們兩個。莉莉什麼都沒有說，小美卻說我偏心。」媽媽說：「這樣啊。

原來你因為這件事生氣了。」笑笑說：「小美是我的好朋友，她不應該理解我嗎？媽媽你說我該怎麼辦？」媽媽說：「讓我們先列一張清單吧。」（見表5-9）

表5-9　媽媽的清單

小美做錯了！	也許，小美是這樣想的？
1小美和莉莉打架	1也許，是莉莉欺負了小美？
2小美怪我偏心	2也許，小美心裡有委屈？
3小美是我的好朋友，卻說我	3也許，小美覺得好朋友應該更理解自己
……	……

列完清單後，笑笑對媽媽說：「媽媽，我覺得我有點急躁了。我應該先問問小美和莉莉，她們為什麼打架，而不是立刻就唸她們。」媽媽笑著說：「有道理。」

如果清單應用恰當，孩子的生活不但更加高效，而且更加生動和愉快。讓我們和孩子一起，享受清單生活吧。

第六章　兒童時間管理訓練法（二）

——日誌驗收時間

如果說清單是對任務和時間進行規劃，那麼日誌就是對執行的情況給予驗收和回饋。再好的規劃，如果沒有得到有效的執行，就只是一紙空文。所以，清單和日誌，一定要結合起來使用，兩者缺一不可。

本章的重點包括如下內容。

· 打卡：一種最簡單的驗收方法，用打勾的方式來考核有沒有完成原計畫。
· 事件日誌：透過記錄每天做了什麼，來評估一天時間的實際狀況，提高管理時間的意識和能力。
· 事件——時間日誌：不但記錄每天做了哪些事，還記錄做這些事所用的時間，可以大幅度提高孩子對時間的感知能力，準確了解人生脈絡，高效管理自我。
· 適當賦值法：對孩子完成任務的情況，用敘述性的語言正面鼓勵，稱為適當賦值。適當賦值意味著，不要隨意提高和貶低孩子的打卡記錄。
· 機率思維：允許孩子在一週中有一兩次不按計畫行事，同時要求孩子事後繼續回到計畫的軌道上。

從小紅花到「打卡」

我們說，用日誌來驗收執行是一種提高效率的好辦法。對於「日誌」的含義，我們可能需要一個較為寬泛的界定。在多數人的印象裡，日誌是一種文體，是對每天發生的事情所做的文字性記錄和描述，比如航海日誌、網路日誌。但對孩子來說，日誌作為一種任務情況紀錄，表現形式可以更直觀、簡潔和豐富多彩，比如幼稚園常用的小紅花。

小念四歲，上幼稚園中班。老師每天都考核小朋友們吃飯、學習、做操等表現，表現好的小朋友就會獎勵一朵小紅花。有一個星期，小念得到了二十朵小紅花，他很高興，認為自己是個「好孩子」。媽媽笑著說，不管小紅花多還是少，小念都是好孩子，但小紅花證明小念在這週吃飯、學習等各方面的任務完成得非常好。

幾乎所有的小朋友都喜歡小紅花。在孩子心目中，得到一朵小紅花，就意味著一次良好的表現被老師和家長看到了、肯定了，孩子會得到很大的愉悅感和成就感，進而不斷鞏固和強化自己的良好表現，最終形成受益終身的好習慣。

當我們幫助孩子去執行自己的計畫清單的時候，可以借鑑小紅花的思路，讓日誌變得親切有趣，簡單易行。比如說針對孩子的暑假日程表，我們可以設計這樣的日誌表，見表6-1。

表6-1　暑假日誌表

學習						
週一	週二	週三	週四	週五	週六	週日

游泳和下樓玩						
週一	週二	週三	週四	週五	週六	週日
按時起床和睡覺						
週一	週二	週三	週四	週五	週六	週日

如果是針對幼稚園和小學低年級的孩子，家長就可以直接用貼小紅花的方式。如果孩子這一天做到了，就在每個空格裡貼小紅花。對小學中高年級以上的孩子，可以用在空格里打勾的方式來進行驗收。

這種日誌方法看似簡單，其實裡面有深刻的心理背景。如果這種方法要想讓孩子不反感，並且堅持下去，就必須把握好以下幾個原則。

一．打勾不打叉

有一個心理學小故事，有位自助餐廳老闆痛恨顧客剩菜，於是貼出一個告示，凡有剩菜者，罰款二十元。顧客紛紛認為這是一個霸王條款，不願意再光顧，這間餐廳很快就門可羅雀了。後來有個高人為老闆出了個主意，把價格提高二十元，告示改成：凡不剩菜者，獎勵二十元。顧客紛紛稱讚，奔走相告。這家餐廳不但顧客盈門，而且圓滿解決了讓老闆煩惱的剩菜問題。

面對鼓勵和懲罰，人們會呈現出兩種不同的心理狀態：一種是愉悅和成就感；另一種是羞恥和傷害感。孩子的心理還在發展過程中，他們還沒有辦法感知和命名細微的情緒，但他們會用行動表達自己的情緒。在溫和的鼓勵下勇敢前進，在嚴苛的批評下怯懦止步。

當然，這並不意味著所有的鼓勵都是好的，所有的批評都是錯的。孩子的成長既需要鼓勵，也需要批評，但一切要建立在事實的基礎上，要建立在善意看待事實上。舉個例子來說，一個星期下來，孩子的日誌表結果是七個格子裡打了五個勾，你得到兩種說法。

說法一：在絕大多數時間裡，你都按照計畫做事，說明寶貝的自我管理能力很強哦！

說法二：怎麼有兩天沒做到呢？制訂了計畫就是要執行的。你那兩天為什麼沒有做到？

這兩種說法都充分尊重了事實，都是非常有道理、有邏輯的，但在孩子的心理感受上卻天差地別，而對孩子未來行動的影響也截然不同。

有些家長會問，如果我的孩子，七個格子裡只打了一個勾，我還能善意看待這個事實嗎？我覺得你可以這樣來說：

說法三：看起來你在完成計畫上遇到了一些困難。我們可以一起來聊一聊，是這個計畫哪裡制訂的不合理嗎？還是有時候你需要媽媽多一點提醒你呢？

親愛的家長，每個孩子都有一顆聰明敏銳的心。你如何看待他，你是否認為他是一個有能力的、值得信任的人，孩子完全能感覺到。

二．賦值適度

按照心理學家的研究，小孩子看待世界常常「非黑即白」。他們常常會對單一事件過度賦值，幼稚園和小學低年級，孩子們常見的心理是：被老師稱讚的孩子是好孩子，我們都和他玩。被老師責罵的孩子是壞孩子，我們都不和他玩。隨著孩子年齡的成長，孩子才會慢慢發展出對事物更全面、更真實、更可信的看法。在這個過程中，父母和老師有責任好好的去引導他們。

我們前面故事中提到的小念媽媽，就非常好的做到了這一點。孩子熱衷於收集小紅花，渴望表現出色，渴望得到老師和家長的讚賞，這是很好的事情，但我們也不應過度賦值，只簡單評價為：你太棒了，真是好孩子！

為人父母，我們要牢牢記住，我們對孩子的愛與欣賞，應當深沉樸素，強大穩定，不會因為孩子的表現波動而輕易動搖。孩子如果了解到，不管他表現好壞，都能夠得到父母的愛與欣賞，孩子才會有一個安全的探索環境，他才會勇於試錯，勇於創造，他才不會一生都在別人的眼光裡畫地為牢。

三．不求完美

有些父母渴望培養一個完美的孩子，要求孩子處處表現優異，在時間任務的驗收上也是如此。目光總是盯著「瑕疵」，總渴望指出孩子的毛病，總沉浸在質問和拷

問孩子的情緒中，這是一種非常悲劇的狀態，會像黑洞一樣，吸乾孩子的能量。

有些父母則是另一個極端，他們渴望做完美的父母，全面理解孩子面對的所有選擇和處境。孩子無法堅持完成任務，立刻得出結論，孩子的所有行為都是情有可原的，這個計畫表是有問題的，不，這種方法就是有問題的。這麼小的孩子，怎麼可能按照日程表做事呢？孩子玩遊戲，雖然說好了要玩一個小時，但他真的很想玩一天啊，我們難道不該理解他嗎？

我認為，這兩種「完美」都不可取。著名的兒童心理學家威尼科特（Donald Woods Winnicott）提出了一個很好的理論叫做「足夠好的媽媽」。對孩子來說，一位嚴苛的媽媽會讓孩子發展受挫，一位過分理想的媽媽也會剝奪孩子的成長。孩子需要在一個合適的環境下透過努力為自己的發展出力。同樣的，我們也只能要求一個「足夠好的孩子」，要求他有越來越高效的時間安排，要求他發展自我管理和控制的能力，同時也尊重他犯錯和低效的機率。

完美主義者痛恨機率，現實主義者尊重機率。在完美主義者的眼裡，自己和孩子應該要嚴格執行時間任務表。結果是他們常常會因為失望而爆發親子大戰，極有可能放棄了這種高效的思維方法，因為他們害怕不確定性，一次沒做到就瓦解了他們的心理防線。

但現實主義者不計較　大兩大的得失，允許自己偶爾犯錯和懶惰。更允許自己在出現一兩次的犯錯和懶惰後，繼續回到自律的軌道上。比如一個九歲的孩子，在暑假日程表的七個打勾格子裡，平均每週超過了四個勾，就算合格，五個就算優秀了，六個非常優秀，七個全滿，那你一定有個機器寶寶。

有些家長會擔心，一週只做到四次就算合格，孩子會不會「取法乎中，得乎於下」，越來越差，到最後日程表變成擺設。我認為這取決於家長的態度，你的態度始終堅定柔和，始終表達對孩子回到自律軌道的信任，始終表現出不可能放棄，孩子才會正視。在實踐中，我所見到的半途而廢的例子，大多數是因為家長半途而廢，不再關注、不再堅持。

日本有位有名的媽媽叫吉田穗波，她邊工作邊照顧兩個大孩子，又生了一個小孩子，一邊備考哈佛大學的博士學位，所有的這些事情一年搞定。吉田寫了一本書來分享她的時間管理經驗。其中她快樂的寫道，她為自己制訂了日程表，每天凌晨四點起床，在孩子們起床前可以安靜的學習。但有時候她會打破這個日程表，讓自己睡到孩子起床。

這才是現實世界，牢記機率，不求完美，時刻準備回到自律的軌道，用最好的心態，腳踏實地取得對時間的掌控以及對生活的勝利。

對小孩子來說，小紅花和打卡可以代替日誌來做清單驗收工作。即使對大孩子和成年人來說，驗收一個簡單任務（比如為出差和旅行整理物品），建立一個好習慣（比如早起或者節食），打卡也都是最簡便、最有效的方法，我們這三個基本原則也是完全適用的。

事件——時間日誌

如果孩子想在時間管理上有所成效，坦白說，清單和打卡就足夠了。如果孩子還想繼續進步，獲得時間管理的高級技能，深入理解時間的價值，真正成為時間的朋友，那麼我們就需要聊一聊事件——時間日誌了。

小文十二歲，上小學五年級。小文最近喜歡上了寫日記，而且把日記寫好後藏在抽屜裡，上鎖，不許媽媽偷看。但是道高一尺，魔高一丈，好奇又擔憂的媽媽還是找到了鑰匙，悄悄讀了小文的日記。不過看完之後媽媽更困惑了，小文寫的都是類似這樣的句子：窗外下著雨，我的憂愁比海還要深，有誰能夠理解我呢？小文媽媽表示，你要說日記和時間管理有關係，我打死也不相信啊。

根據內容不同劃分，我們可以把日誌分為兩類：一類是記錄事件；一類是表達情感和觀點。前者如《魯迅日記》、《奇特的一生》，他們只是記下來今天發生的事件。對了，類似的日記最豐富的便是古代的皇帝，每個人都有一本厚厚的「實錄」，一言一行都被完整的記錄下來。後者就是小文的這種日記，是用來表達情感和觀點的。

和時間管理相關的，是第一類日誌——事件日誌、加強版的事件——時間日誌。我們需要稍微花一點筆墨，解釋清楚這類日誌如何塑造我們對時間的感知能力，然後再來談對孩子來說，有哪些可操作性的辦法。

一．事件——時間日誌

魯迅堅持寫了二十五年的日記，留下了八十萬字的日記。他的日記是典型的「事件日記」——盡量不記感想，不記感受，只記錄事件本身。下面是從魯迅先生的日記中隨意摘出的兩則：

二十日晴。無事。

三十日晴。上午收鄭振鐸信並版稅泉五十四元。下午收去年十二月下半月奉泉百五十。夜三弟歸，贈我煙卷兩合。

而昆蟲學家柳比歇夫（Alexander Alexandrovich Lyubishchev）更進一步，他的日誌是「事件——時間日記」——記錄一天事件和所用的時間。我們同樣摘錄兩則如下：

烏里揚諾夫斯克。一九六四年四月七日。

分類昆蟲學（畫兩張無名袋蛾的圖）——三小時十五分。

鑒定袋蛾——二十分（一點零）。

附加工作：寫信給斯拉瓦——二小時四十五分（零點五）。

社會工作：植物保護小組開會——二小時二十五分。

休息：寫信給伊戈爾——十分；《烏里揚諾夫斯克真理報》——十分；列夫．托爾斯泰（Leo Tolstoy）的《塞瓦斯托波爾紀事》——一小時二十五分。

基本工作合計——六小時二十分。

烏里揚諾夫斯克。一九六四年四月八日。

分類昆蟲學：鑒定袋蛾，結束——二小時二十分。開始寫關於袋蛾的報告——一小時五分（一點零）。

附加工作：寫信給達紼陀娃和布里亞赫爾，六頁——三小時二十分（零點五）。

路途往返——零點五。

休息——剃鬍子。

《烏里揚諾夫斯克真理報》——十五分，《消息報》——十分，《文學報》——二十分；亞・托爾斯泰（Alexei Nikolayevich Tolstoy）的《吸血鬼》，六十六頁——一小時三十分。聽林姆斯基-高沙可夫（Nikolai Andreyevich Rimsky-Korsakov）的《沙皇的新娘》。

基本工作合計——六小時四十五分。

事件——時間日記的好處是顯而易見的。

第一，它會清晰地勾勒出我們人生的軌跡，讓我們知道每天我們到底做了哪些事，而學習、工作、社交、娛樂的情況都可以從點成線，從線到面。

第二，它會讓我們清楚地知道時間都到哪兒去了，我們花費了多少時間來工作和學習，又花費了多少時間來消遣。有反思才會有改進。可以說事件——時間日誌幫助我們，在思維上完成了「記錄——反思——改進」三部曲。

第三，它會逐漸讓我們形成對時間的真正感知。大部分人了解時間，都依賴外部工具，比如計時工具，很難準確感知出一件事情所需要的時間。但常年寫事件——日記的人似乎能夠練出特異功能，他們對時間的感知特別精準，柳比歇夫不用看錶就能準確推測出和朋友散步用了一小時三十五分鐘。

魯迅先生在一九〇七年至一九三六年三十年間寫作了三百多萬字的著作，而且都是含英咀華之作。柳比歇夫除了發表了七十多本學術著作，一萬多頁論文，還有對科學史、農業、遺傳學、植物保護、哲學、昆蟲學、動物學、無神論等方面的考察和研究工作，單單其中的地蚤分類這一項，他就蒐集了一萬多隻標本，其中五千隻公地蚤做了器官切片。總計三百種。這些地蚤都要鑒定、測量、做切片、製作標本。他收集的材料比動物研究所多五倍。

同樣是一生，同樣是分分秒秒走過的時間，善於「記錄——反思——改進」的人，他們一生的時間價值似乎都特別高。

二·事件——時間日誌如何用到孩子身上

實事求是的說，事件——日誌方法的難度非常高，不適合所有人。對孩子來說，枯燥的記錄事件並準確的附加上時間，是難上加難的事情，幾乎沒有孩子有這樣的耐心和能力。那麼我為什麼還要花這麼多篇幅來介紹這種方法呢？

原因很簡單。這種方法可以間接作用於孩子，間接幫助孩子——透過家長的育兒日誌。

很多家長在孩子剛出生的時候，興致高昂的寫育兒日誌，今天孩子會抬頭了，今天孩子會翻身了，今天孩子第一次喊出了媽媽。但當孩子逐漸長大，進入幼稚園和小學，帶給家長的欣喜不再以天為單位的時候，很多爸爸媽媽就倦怠了，也忘記寫育兒日記了。

事實上，孩子仍然在一天天的累積並且改變。你意識不到從什麼時候開始，自家那個聰明伶俐的孩子，在學業上漸漸不突出了。你意識不到從什麼時候開始，那個拍球的小孩動手能力竟然變差了。你意識不到從什麼時候開始，孩子的朋友突然越來越多，又突然越來越少。我們常說，了解孩子是成功教育孩子的基本功。但了

解孩子，除了父母的本能天性和各自不一的洞察能力，有沒有好的工具可以借助？

有，那就是「事件——時間」記錄法。

如果你不願意像柳比歇夫那樣複雜，我可以為你提供一個簡單的、學齡期孩子的記錄表：

（　）年（　）月（　）日

閱讀《……》（　）分鐘

寫家庭作業（　）分鐘，寫補習班作業（　）分鐘

和（　）打電話（　）分鐘，和（　）見面玩（　）玩具／遊戲（　）分鐘

打籃球／羽毛球／跑步……（　）分鐘

看電視（　）分鐘，玩電腦（　）分鐘，玩手機（　）分鐘

做實驗（　）分鐘

彈琴（　）分鐘

睡眠（　）小時

和父母聊天（　）分鐘

……

我不再一一例舉，你可以根據孩子的情況去修改和補充這個記錄表，然後在一次次的記錄中，你會驚訝的發現，孩子的過去、現在和未來，孩子的興趣、優點和缺陷，會如此清晰和完整地呈現在你的面前。孩子有沒有主動性，有沒有自控力，有沒有興趣愛好，更重要的是，孩子有沒有機會獲得這些？答案在記錄表中清晰可見，因為時間永遠不會說謊。孩子的時間用在哪裡，他的成就就會在哪裡。

日誌還可以用在哪裡？

對孩子來說，日誌有著廣泛的用途和列舉不盡的好處。學會用文字在時間的長河中建立起大大小小的界標，從小處說可以解決問題、建立習慣，從大處說可以為人生賦予意義。

小梅十歲，上四年級。自從上個暑假跟爸爸媽媽參加了一個遊學團，小梅就愛上了寫旅行日誌。在七天的遊學旅行中，小梅回到酒店後不管多麼困和累，都會認認真真寫下今天的所見所聞。媽媽還把小梅的日誌放在自己的旅行攻略裡，獲得了

很多人的稱讚和感謝呢！每次翻看自己的旅行日誌，小梅心中都充滿了小旅行家的自豪感。她希望自己的旅行日誌本越來越精彩、越來越有趣。

一．旅行日誌

旅行日誌就是一種非常好的方式，不但鍛鍊孩子的思維和寫作能力，還使孩子學會觀察、感受，甚至相互進行判斷、測量，必要的時候他還得學會查閱資料。

遊記是一種傳統的文體，歷史上最有名的當屬《徐霞客遊記》了，我們摘一則遊黃山的日記，大家可以感受一下：

初三日　隨樵者行，久之，越嶺二重。下而復上，又越一重。兩嶺俱峻，曰雙嶺。共十五里，過江村。二十里，抵湯口，香溪、溫泉諸水所由出者。折而入山，沿溪漸上，雪且沒趾。五里，抵祥符寺。湯泉在隔溪，遂俱解衣赴湯池。池前臨溪，後倚壁，三面石甃，上環石如橋。湯深三尺，時凝寒未解，湯氣鬱然，池底水泡汩汩起，氣本香冽。黃貞父謂其不及盤山，以湯口、焦村孔道，浴者太雜遝出。浴畢，返寺。僧揮印引登蓮花庵，躡雪循澗以上。澗水三轉，下注而深泓者，曰白龍潭；再上而停涵石間者，曰丹井。井旁有石突起，曰「藥臼」，又曰「藥銚」。宛轉隨溪，群峰環聳，木石掩映。如此一里，得一庵，僧印我乃他出，不能登其堂。堂中香爐及鐘鼓架，俱天然古木根所為。遂返寺宿。

徐霞客的遊記文字簡潔優美，有文學性的一面，精彩的描寫如「群峰環聳，木石掩映」，但主線仍然是科學性的，以客觀記敘為主。所以有大量的測量，如「湯深三尺」、「越嶺兩重」、「十五里」、「二十里」等。有判斷，如「堂中香爐及鐘鼓架，俱天然古木根所為」等。有說明，如「抵湯口，香溪、溫泉諸水所由出者」等。

遊記後來成為一種重要的文學形式，在敘述的基礎上，又加入很多描寫，甚至議論和抒情，有些作家會「寓情於景」「托景言志」，變成純粹的文學體裁。

我們教孩子寫旅行日誌，應該往科學方面引導，還是應該往文學方面引導呢？需要考慮兩個重點：一個是孩子的年齡；一個是孩子的興趣。

對幼稚園和小學低年級的孩子來說，文學性的遊記是不能勉強的，因為孩子的情感感受和思維發展還沒有達到「觸景生情」的程度，盲目要求他們產生感動既不現實，也不真實。這時候我們更應該讓他們從科學性的角度出發，寫下自己所看到的、聽到的、經歷到的。當然對孩子來說，也不一定是純文字的記錄，還可以利用照片、繪畫的形式豐富多彩的呈現。比如下面是一個六歲孩子的遊記。

第一頁：

我要去旅行了，要做好準備哦！

我的目的地：　時間：　陪伴我的人：

我的小箱子裡裝好了：

我還要準備：（車票黏貼處）　（地圖黏貼處）

我查到的資料：

第二頁——第n頁：

今天我去了……

我看到了：

我聽到了：

我覺得：　（照片黏貼處）

最後一頁：

我的收穫

我收集了：（好玩的東西如樹葉、貝殼黏貼處）

我印象最深刻的是：

我這次旅遊的感想：

當地朋友的簽名：

如果孩子年齡大一點了，我們就可以根據他們的興趣，來引導他們寫不同類型的旅行日誌。經過實踐檢驗，一個最具可操作性的辦法是，在旅途中，要求孩子寫記錄性的日記，這會成為豐富的素材。等回到家後，再讓孩子根據這些素材，寫文學性的遊記。

二・成長成就的日誌

孩子寫日誌，還可以寫下自己成長過程中那些重要的事件和感受。比如第一次上學、第一次演講、第一次上臺表演、第一次當班長……這些事對孩子來說，就是成長的勛章，隨著時間的流逝，慢慢就會忘記了，淹沒在歲月的塵埃中。但如果我們提醒孩子記錄下來，這些美好的、積極的體驗，當孩子遇到挫折的時候，會成為孩子前進的動力，當孩子結束一段學習生涯的時候，是孩子的慰藉。

事實上，每次當孩子產生了自豪、高興、滿足或者失望、難過、憤怒等情緒的時候，我都建議他把事件和心情都寫下來。這樣，他會慢慢看到自己如何一步步在時間的風雨中洗禮，慢慢從一個小孩子，長成一個少年，克服不足、獲得發展，慢慢成為生活的主人，而不僅僅是父母的孩子。

三．基於特定領域的日誌

有的時候，孩子需要在一段時間，在一個特定的領域集中突破，這個時候我們也可以用日誌法來幫助他檢驗和回顧。

比如孩子練習一段時間的英語，我們就可以準備一個小本子，記錄下孩子在一段時間內為學英語所進行的所有努力。類似如：

七月二日

聽英文歌，計十分鐘

完成英語作業、默寫單詞十個，計二十分鐘

看英文卡通一集，計十分鐘

朗讀英語短文兩篇，計十分鐘

和爸爸媽媽用英語交談，計三十分鐘

今天英語學習時間總計：一小時二十分鐘

四．心情日誌

我們鼓勵孩子用日誌的形式，來疏解自己的情緒。但對大多數孩子來說，真正要用到這種日誌形式，也許要到青春期了。

青春期是孩子的情緒風暴期，身體的快速發育、新的挑戰和壓力、認知的快速發展，都讓他們的情緒如急風暴雨，忽而興奮快樂，忽而悲傷絕望。這個時候，寫日誌是一個非常好的習慣，可以讓孩子去嘗試整理複雜、混亂的情緒，即使永遠無法梳理清楚，但寫出來的過程就是一種健康的良好的發洩。這對孩子的成長是有利的。

第七章　兒童時間管理訓練法（三）

——生活習慣滋養時間

家庭教育的真諦，永遠在生活中。生活即教育，孩子的時間意識和管理時間的能力，不僅在生活中得到滋養，也在生活中得到鞏固。最終，一種良好的時間駕馭能力也可以幫助孩子的生活更健康合理，更成功幸福。

本章的重點主要包括以下內容。

- 更新晚餐觀：晚餐不意味著孩子一天學習的結束，而是另一段學習的開始，應該早早吃晚餐，無須等待父母。
- 最佳睡眠時間：孩子的身體和大腦發育，需要早早入睡和足夠的睡眠。
- 家事勞動價值：重複單調的勞動，有提升孩子工作能力的神奇功效。
- 有償生活機制：支付孩子的家事勞動報酬，是財商訓練的開始。
- 統籌時間：時間無法延長，但可以透過統籌時間，同時做兩件以上的事情，形成折疊時間的效果。

孩子吃好睡足，時間更有效率

孩子的身體和大腦發育，都需要充足的營養、充分的睡眠。但飲食之道和睡眠之道對於孩子時間的意義，並不限於此。

小傑十歲，上小學四年級。每天放學後到安親班寫作業，爸爸媽媽大概七點才能下班回家，忙碌的做飯、吃飯後，就已經八點鐘了。小傑還有好幾項作業沒有完成。於是媽媽拖著疲憊的身體教小傑寫作業，小傑剛吃完飯，肚子還鼓鼓的，大腦反應不過來，聽媽媽講題就有點分心。在小傑第三次轉鉛筆玩的時候，媽媽終於忍不住爆發了：「你知道我上作一天多累嗎？你怎麼這麼不懂事！」母子倆大吵一架，折騰到晚上十點半，小傑才寫完作業，收拾書包去洗漱睡覺。第二天早上，鬧鐘響了很久，小傑才迷迷糊糊的爬起來，一看快遲到了，只好匆匆塞了兩口飯，拿上一瓶牛奶就去上學了。

小婷是小傑的同班同學，也是十歲。一放學，小婷的爺爺把小婷接回家，奶奶在家準備好了可口的飯菜，小婷早早吃完了晚飯，休息一會開始寫作業。等爸爸媽媽下班回家吃完飯後，小婷的作業也基本寫完了。媽媽檢查作業後，耐心的為小婷講解錯題。八點半，小婷準時洗漱睡覺。香甜一覺後，小婷早早起床，從容吃完營養豐富的早餐，高高興興去上學了。不過自從爺爺奶奶回老家後，小婷也要去安親班寫作業了，爸爸媽媽找了很久，挑了一間供餐的安親班，可以先吃飯再寫作業。雖然上學的時候不能和爸爸媽媽一起享受晚餐，不過每個週末，小婷都和爸爸媽媽一起做飯、一起吃三餐，也感到非常幸福。

孩子正是發育的時候，晚餐不能吃得太晚。通常他們一放學，下午四五點就已經饑腸轆轆了。這個時候如果不讓他們吃正餐，他們或者就餓過頭了，或者就找些

零食胡亂塞一塞肚子，等大家一起吃晚飯的時候，孩子或者吃過多，或者吃多了零食當時不餓，等更晚的時候又餓了。這樣不但不利於孩子的身體健康，也會像西洋骨牌一樣，讓後面的任務都受到影響。

在這裡，我們提出孩子吃好睡飽的幾條建議。

一．晚餐早早吃，無須等父母一起吃

有條件的家庭，比如爺爺奶奶在家照顧孩子，或者媽媽全職在家照顧孩子，這個問題就比較好解決。去接孩子之前，事先燜上米飯，做好一些比較費時的菜。一些快手菜先洗好切好，等孩子回來幾分鐘就能出鍋。沒有條件的家庭，比如爸爸媽媽下班都很晚，又沒有人幫忙照顧，就要考慮為孩子選擇供餐的安親班，讓孩子先吃飽了，再做作業。如果擔心安親班吃不好，可以讓孩子回家後再加點清淡又有營養的菜。

關於孩子晚餐的食譜，要葷素搭配，蔬菜、肉類和主食都要吃。對孩子來說，肉類蛋奶等蛋白質食品是必需的，不要因為晚餐就不許孩子吃。因為晚餐吃得早，孩子晚上還要進行大量腦力勞動，很快就會消化掉。在晚上八點鐘左右，孩子又會覺得餓，這時候可以喝杯溫熱的牛奶，就好洗澡睡覺了。

有些家長覺得，一家人不能一起享用晚餐是件令人很遺憾的事，有些家長則是從禮貌的角度考慮，要求孩子等父母一起吃飯。但我們的觀念要根據時代的發展來不斷調整。在農業社會，日出而作、日入而息，很多時候只吃兩頓飯，早飯吃得很晚，晚飯吃得很早。每天晚上一家人坐在一起，結束一天的工作，和樂融融地吃一頓飯，當然是一件非常重要的事情。但現代社會，尤其是時常交通堵塞的大城市裡，下班本來就晚，還要消耗一兩個小時在路上，到家都七八點鐘了。而且晚飯並不代表著一天工作的結束，而是代表著新一輪工作的開始，孩子要寫作業，父母要學習充電、做家事。其實可以尊重客觀的生活邏輯，讓孩子早早吃飯，父母也可以在公司附近簡單解決，把寶貴的時間節省下來，不做無謂的消耗和浪費。

二・早睡早起

孩子的身體發育需要充足的睡眠，很多科學研究陸續證明，睡眠會影響孩子的心血管健康、大腦、學習以及行為模式。我們家長也能直接感受到，孩子如果睡不好，第二天早上起來不但困得睜不開眼睛，吃飯也吃不好，情緒也不好，學習效率

也大打折扣。那麼孩子睡多久才夠呢？我們可以參照美國國家睡眠基金會給出的標準，見表 7-1。

表 7-1　美國國家睡眠基金會：睡眠時長標準

年齡	推薦	不推薦
新生兒（0～3個月）	14～17小時	不足11小時；超過19小時
嬰兒（4～11個月）	12～15小時	不足10小時；超過18小時
幼童（1～2歲）	11～14小時	不足9小時；超過16小時
學齡前兒童（3～5歲）	10～13小時	不足8小時；超過14小時
學齡兒童（6～13歲）	9～11小時	不足7小時；超過12小時
青少年（14～17歲）	8～10小時	不足7小時；超過11小時
青年人（18～25歲）	7～9小時	不足6小時；超過11小時
成年人（26～64歲）	7～9小時	不足6小時；超過10小時
老年人（65歲以上）	7～8小時	不足5小時；超過9小時

有些家長把孩子的一天拉得特別長，孩子要熬到晚上十一點才能睡覺，第二天早上五點就要起床。短期來看，是搶到了一些時間，可以比別人多學一點，但長期來看得不償失，孩子沒有足夠的休息，從而影響生長發育，降低身體免疫力。就單從學習角度看也不划算，一個實驗發現，學齡兒童平均每天多睡二十七分鐘，他們情緒、專注度的表現就能在很大程度上得到提高。

孩子不但要睡眠充足，而且要早睡早起。不管是中醫還是西醫，都主張要在晚上十點到半夜兩點之間，要在睡眠狀態。從中醫角度講，這是肝臟排毒和身體造血的時間。從西醫角度講，夜晚的深度睡眠，透過下視丘的神經中樞作用，實則是調節各種組織細胞的代謝活動來影響人體的生理活動，主要用來修復細胞的損傷以及還原組織功能的完整性。

很多家長會說，我們也想讓孩子早睡早起，但孩子作業做不完沒辦法呀。有位家長告訴我，她的孩子很愛拖拖拉拉，作業要寫三個小時，所以每天晚上十一點才能睡覺。我就問她，學校下午三點半放學，即使孩子用三個小時寫作業，半個小時吃飯，全部完成也只到七點，再加半小時運動和玩，半小時閱讀，也才八點，其他的時間去哪兒了？她說，小孩要先去上音樂班，然後慢吞吞的回家，再玩會兒，吃

完飯就已經晚上八點了。

我們需要明白的是，時間不是麵糰，可以揉扁搓圓。時間就是時間，它硬性、鐵面無私、一分一秒地流逝，從不為我們的意志停留。因此我們必須取捨，選擇哪些是最重要的。時間管理不會讓時間多出來，它只是讓我們更清醒的進行取捨。

對學齡期孩子來說，睡足八小時，是首要的取捨標準。犧牲孩子睡眠是極其短視的行為，萬萬要不得。當然除了理念，家長還需要從技術的角度保障孩子的睡眠品質。孩子睡覺前不可吃太飽，如果孩子餓，一杯溫熱的牛奶就足夠了。在睡前不要讓孩子接觸電子產品，不要太興奮，可以把閱讀時間安排在睡前。可以增加每天的運動量，這樣孩子會睡得更香。

三．早餐吃得像國王

早睡早起不但適合孩子，也適合家長。只有你睡飽了，才能心情愉悅地早早起床，為全家人準備豐盛的早餐。

一日之計在於晨。按照中醫養生學的理論，早餐要提升陽氣的、溫性或平性的食物，不可吃寒涼的食物。早餐要有雜糧、堅果、蛋白質、蔬菜纖維等。

雜糧中，稻米、糯米、玉米、赤豆、豌豆等是溫平的，而小米、小麥、綠豆等是偏寒的。堅果像花生、榛子、腰果等都含有鉀。鉀是人體生長必需的營養素，對維護良好的精力、體力，保持大腦思路清晰、肌肉活動活躍很有必要。雞蛋、牛奶等蛋白質更是需要在早餐中攝入的營養，對孩子的專注力、免疫力都有極大的好處。而蔬菜提供膳食纖維，早餐中最好要有一點。

早餐還可以是最美好的親子時間。如果父母和孩子沒有機會一起吃晚餐的話，早餐就顯得更加重要了。帶著微笑互道「早安」，喝著溫軟香甜的粥，碧綠的青菜，雪白的煮雞蛋，閒聊幾句昨天的趣事，開啟一天元氣滿滿的幸福生活。

應該讓孩子在家事上花費時間嗎？

當今的孩子，面臨兩個處境。一方面是在家裡越來越被寶貝，孩子們衣來伸手，飯來張口。另一方面在外面的壓力越來越大，為了不輸給同儕，要奔波於各式各樣的才藝班，難得輕鬆玩一會兒。孩子很幸福，孩子很孤單，孩子很可憐。這種情況下，我們還需要他們做家事嗎？

莎拉是一位嫁到高雄的猶太媽媽。在結束了失敗的婚姻後，她帶著三個孩子去了以色列，在那裡生活了十多年。剛到以色列的時候，她仍然保留著在臺灣的習慣，自己再苦再累，都不讓孩子動手做一點點家事。莎拉靠賣春捲艱難的維持生計。每天早上，她先送孩子去上學，然後擺攤賣春捲。下午孩子們放學了，就來到媽媽的春捲攤。到了晚餐時間，莎拉就停止營業，在小爐子上為孩子們煮餛飩、下麵條、煮水餃。到了晚上，又在燈光下自己做識字卡片教孩子希伯來語。每次下雨，莎拉就帶著乾淨的鞋子送孩子去上學，在教室門口，讓孩子搭著自己的肩換上乾淨的鞋，回家後用吹風機把孩子的鞋子吹乾。

但有位鄰居來串門子，看著莎拉手忙腳亂做飯，一碗碗為孩子盛好放在飯桌上，便再也看不下去了。她對孩子們說：「你們已經是大孩子了，怎麼能像客人一樣看著媽媽忙，也不幫忙呢？怎麼能一動不動的等著媽媽來伺候你們呢？」又嚴厲的對莎拉說：「你這樣不是在愛孩子，而是在害孩子。父母能給孩子很多愛，但父母卻不能代替孩子成長。」

莎拉發現，以色列的孩子無一例外的參與家事，而且越是富裕的家庭，越是把孩子推出家門體驗生活。愛孩子沒有錯，但如果超過分寸，寧肯自己累倒，也不願意讓孩子勞動，會不會養懶、養散、養垮了孩子的鬥志？

莎拉開始改變，孩子們不但開始學做飯、洗碗、洗衣服，而且開始幫媽媽賣春捲。他們上學的路上，帶上一籃子春捲，沿途去賣。讓人驚訝的是，媽媽不再全程伺候後，孩子不但學會了做家事，而且激發出了更多的潛力。他們變得更外向，因為不得不鍛鍊，他們更喜歡和別人打交道了。他們甚至變得更聰明，因為他們要想方設法去賣掉春捲，幫家裡提高收入的同時，也賺到更多零用錢。不當「小皇帝」，當了「小主人」之後，孩子們更有責任感，更懂事，也更主動學習，主動選擇自己的人生方向。

莎拉的付出沒有白費，她的孩子們都非常優秀，大兒子長大後，事業順利出色，送給媽媽一輛豪車。二兒子不到三十歲就成了企業高層，為媽媽在買了一套別墅。小女兒剛從名校畢業，但也已經顯露出了優秀的能力。

莎拉感慨地想，如果自己當年沒有狠下心來，讓孩子負責任的成長，那麼現在一定和千千萬萬的亞洲父母一樣，在苦苦的犧牲自己，孜孜不倦的節省下每一分錢，留給孩子結婚、買房、買車吧？

我們並不是說，孩子會做家事，就等同於將來事業成功。我們只是想借這個真

實的故事，澄清一個基本理念：孩子是家庭的一分子，他們應該像其他家庭成員一樣，承擔起自己力所能及的那份責任。孩子和父母的關係不是「無助的臣民」和「暴君」，也不是「小皇帝」與「老奴才」，但事實上，我們常常把自己的家庭搞成這兩種關係的「混種」。

孩子應該花時間在家事上，這很重要。關乎健康的家庭關係、關乎孩子的責任感、關乎孩子的生存能力，也關乎財商。讓孩子做家事，家長需要做到以下幾條。

一．貫徹到底的決心

很多家長在看到一些調查數據之後，比如愛做家事的孩子和不愛做家事的孩子相比，長大後的失業率是一比十五，前者比後者的平均收入要高出百分之二十左右，或是聽到類似莎拉的故事之後，會痛下決心，把孩子拉過來，鄭重其事的宣布：「從今天起，你要負擔一部分家事了。」然而過不了幾天，不管是家長還是孩子都把這件事拋諸腦後了。孩子是天生的心理學家，他們十分清楚我們只是隨口說說而已，所以他們權且點頭稱是，等待時間把我們的決心消磨殆盡。

那麼，我們為什麼不能貫徹到底呢？原因有這樣幾個。

第一，我們沒有真正意識到做家事的意義。在「勞心者治人，勞力者治於人」、「萬般皆下品，唯有讀書高」的文化傳統裡，我們其實把家事視作瑣碎的下等的事情，就如跟我們從不認為主婦是一種職業。本質上，我們心底希望孩子將來能夠擁有燦爛的人生，希望他賺到很多錢，而且是體面、輕鬆、不用吃苦、沒有挫折且毫無風險地賺到很多錢。這顯然是違反邏輯的，為了合理化這個奇葩的願望，我們就開始相信另一個公式：好成績等於好學校等於好工作。

我們看到美國的小孩在年幼時，就開始做家事，我們看到德國法律規定，孩子六歲就要開始做家事，於是我們想，也許讓孩子做點家事是有道理的。但如果我們不從根本上改變對做家事的陳腐看法，我們是無法堅持到底的。

做家事，會增強孩子的動手能力，更重要的是，讓孩子和依賴心理、嬰兒心理說再見。當孩子長到六歲後，他不再是一團香甜的小嬰兒，他要逐漸長大成人，作為一個獨立的人，學會生存，擔負起在世為人的責任。而家事勞動，是培養他擔當起自己責任的第一步。

責任感，對孩子至關重要，卻成了這個時代的稀有品。父母和孩子都應該有個心理準備：孩子最終要靠自己去披荊斬棘，走出自己的人生。當下很多孩子凡事都

習慣了依賴父母，婚禮靠父母，買房子靠父母，還信用卡費找父母，找工作找父母，買車子找父母，投資找父母，養孩子還要找父母，甚至要求父母給買第二間房子，啃老啃得理直氣壯，啃得渣都不剩。這是多麼大的悲哀啊。然而這又能怪誰呢?從來都是父母先「坑子」，用無邊的愛去淹沒了孩子的靈性，消滅了孩子的勤勞，湮滅了孩子的主動，不捨得去磨練，不捨得培養他們的責任感，讓美玉變成了平庸的石頭。接下來才有孩子的「坑爹」。

第二，我們認為把孩子的時間花在家事上不值。家事，是繁瑣的重複性勞動。把桌子擦乾淨，再清洗抹布，不需要多少高深的知識。一向在孩子的時間上精打細算的我們，恨不得把孩子的每一分每一秒都統籌起來用。早上，為了讓孩子能多睡一會兒，我們恨不得在他閉著眼睛的時候，幫他穿上衣服。在他起床洗漱的時候，把飯菜擺好在桌上，左邊是筷子，右邊是勺子，粥不燙也不冷，讓他一坐下來就可以吃到舒服可口的飯菜。我們為他削鉛筆，整理書包，拿出第二天要穿的衣服。我們希望幫他節省下珍貴的時間，讓他可以學習、玩和休息。但是，家事勞動真的不值嗎?學習真的那麼重要嗎?

正是繁瑣的、重複的、冗長的勞動練就了我們的耐心和毅力。在真實的世界裡，重複性的工作和冗長的準備，就跟獎勵和讚賞一樣常見。沒有那麼多的激動人心，所有激動人心的工作，都需要平淡乏味的部分作為磚和梁。無法忍受乏味，就無法成就輝煌。曾有人說過：「所有真正踏實做事的人都知道，任何任務的絕大部分都是枯燥而無趣的，所謂有創意的部分，可能連百分之一都不到。」當我們為孩子封鎖掉這些枯燥工作的時候，有沒有想過，我們是不是在削弱孩子的適應性呢？我們是不是致使孩子對真實工作的忍耐力下降了呢？我們是不是在培養一個眼高手低的人呢？

第三，我們潛意識裡想取悅或彌補孩子。如果我們工作繁忙，經常錯過孩子的足球比賽、同學聚會，我們無法陪伴孩子過完整的週末，我們在兒童節的晚上不得不加班，這樣的時候，我們就會對孩子有了歉疚心理。我們就會不忍心在家事問題上強硬，這讓我們看起來像個「壞家長」不是嗎？又或者我們是全職媽媽，我們看輕自己做家務的價值。要知道，在現在的社會氛圍裡，讓一個家溫馨幸福根本不能計分的，得讓孩子表現優異才能證明我們的角色有價值。附加了這麼多意義在孩子的學習上，我們又怎麼敢冒險，讓孩子「浪費」寶貴的時間去做家事呢？

可是，我們這種心理對孩子並沒有好處。「父母之愛子，則為之計深遠」，如果

我們不去培養孩子的生存能力，只是一味的讓他們此時此刻舒適快樂，那麼等我們的羽翼無法護衛他們的時候，又讓他們如何面對生活中出現的風雨呢？世界遼闊無邊，而我們的能力有限，我們無法永遠授孩子以「魚」，只能授之以「漁」。而生存能力訓練，是最基本的「漁」。大自然中所有生物都知道這個道理，所以鳥媽媽會在小鳥長大後把牠推出鳥巢，教牠們飛行，而不是一生都找蟲子來餵給牠們吃。雪豹媽媽和小雪豹親密無間，但當小雪豹逐漸長大，媽媽就會越來越疏遠，最終小雪豹離開家，也許終生不再見。我們親愛的孩子，不是只配擁有淺薄的快樂，他們作為如此美好的生靈，值得學會如何照顧自己，如何在任何情況下都有能力把自己打理得乾淨舒適，生存得更好。

二・要根據孩子的情況巧妙安排家事

孩子在不同的年齡，能夠承擔起不同的責任。而且，時代和文化背景也很重要。我們可以循序漸進，逐步安排他們做些適當的家事。

兩三歲的孩子，其實對做家事非常感興趣，他們會模仿大人做各種動作。我們可以抓住這個機會，從學會打理自己開始，穿衣服、繫鞋帶、用水沖自己的小碗、擦桌子等。四五歲的孩子要學習管理自己的物品，比如收拾自己的玩具，疊被子，把髒衣服放到洗衣籃裡。八歲以後，就可以逐漸承擔一項家事了，比如擦桌子、澆花，餵寵物等。更大一點以後，就可以承擔更重要的工作，比如做菜，洗自己的內衣和襪子，把晒好的衣服取下來分類折疊，清理地板等。

我們要切記，不可以像監工一樣盯著孩子挑毛病，除非你希望他感受到屈辱。讓孩子熱愛一件事的祕訣足，讓他自由探索，在試錯後取得進步，獲得成就感。做家事因為成敗無傷大雅，是讓孩子練習「失敗乃成功之母」這個真理的絕佳舞臺。我現在還記得自己九歲的時候第一次做菜，做番茄炒蛋，不知道放油，就把番茄丟進去，看到快糊了趕緊加水，又打了雞蛋丟進去，弄得一塌糊塗。我的媽媽看到我做的一鍋糨糊，並沒有責罰我，只是大笑，並且告訴我正確的步驟。後來我的性格裡，一直堅信道路曲折、前途光明，也得益於母親的寬容。

如果孩子某一天做得很出色，我們可以讚美他們，激發他們的責任感和榮譽感。比如我們可以親吻孩子，真誠地對他們做的家事表示感謝。「謝謝你掃了地，我們家現在又乾淨又整潔。」、「謝謝你照顧我，幫我拿水和藥，我感覺好多了。」、「謝謝你幫我洗車，我可以開著乾淨的車去上班了。」不過我們需要注意分寸，不可誇張

的讚美孩子，而是選擇如上敘述性、克制的語言來表達欣賞和讚美。

三．為孩子做的家事支付酬金

孩子長大後，會逐漸對金錢產生好奇心。他們會知道，這些神奇的紙幣和硬幣，會換來各種他們心愛的零食和玩具。我非常主張，從孩子對金錢萌生意識開始，家長為孩子做的家事支付酬金，既然我們要求孩子認同，沒有不勞而獲，那麼我們也應該認同勞動應該得到報酬。

很多家長不願意給孩子的勞動支付報酬。有些是因為邊界不清，認為孩子的錢和自己的錢，都是自己的錢，何必給來給去的，你要什麼我給你買就好了。有些是不信任孩子，怕孩子亂買亂花，覺得自己來決定孩子買什麼比較好。有些是骨子裡有「清高」的觀念，認為金錢會讓純淨的家庭關係受損，讓父母照料孩子這件美好的事情變得不純粹。

這些想法都有一些道理，但仔細推敲是站不住腳的。孩子雖然是未成年人，但也是一個獨立的個體，應該和父母有人與人之間的邊界，我們送給孩子的禮物、圖書、玩具，應該是屬於孩子的。沒有邊界的父母喜歡把孩子心愛的玩具隨手送人，這會深深傷害孩子，也讓孩子感到困惑，永遠不知道自己的邊界在哪裡，哪些事情可以做，哪些事情不能做。錢也是一樣，發給孩子的零用錢是孩子的，他有權處置。我們家長可以做的是保留評估權。比如事先約定，如果他使用得當，下個月加十元，如果他使用不當，下個月減十元。

對孩子不會花錢的擔憂是有道理的，但實事求是的說，花錢也是一門學問，而學問是需要學習和實踐的。我見過很多成年人，吃的永遠是超市打折菜，穿的一直破破爛爛，支出卻非常可觀。原因是他們雖然千方百計在生活必需品上克制自己，但卻經常衝動購物，買很多平常用不到的東西，花錢雖很多，生活品質卻很差，這就屬於不會花錢。但另外一些人則不同，他們生活品質很高，卻花費有限，因為他們把所有錢都花在刀刃上。賺錢的能力要從小培養，持家的本領也要從小訓練，雙管齊下，才能培養出金錢的上人，而不是一生都被牽著鼻子走的金錢的奴隸。

擔心金錢會影響家庭關係，其實大可不必。在我們的傳統價值觀裡，對金錢有一種欲說還休的迷之困惑：一面羞於提錢，一面又捨棄一切去賺錢。為了賺錢，人們覺得兩地分居很正常，骨肉分離很正常，搞得孩子們都混淆了——錢到底重要不重要？事實上，錢從來不是最重要，家庭、愛和夢想，都比金錢重要，但是賺錢能

力很重要，如果你沒有賺錢能力，就沒有辦法承載家庭、愛和夢想。反過來說，你如果賺到了錢，卻不去承載家庭、愛和夢想，只是沉迷於錢本身，你就是荒廢了生命，陷入了迷津。所以，放下心理負擔，愉快地去賺錢吧。賺錢後，幸福地去和家人分享，幸福地去實現夢想吧，這才是金錢的全部意義。

好吧，解決了觀念問題，技術問題其實就很好解決。你可以規定一個七歲的孩子，負責幾項固定的家事，比如把全家人的衣服從晾衣竿上取下來折好、澆花和餵寵物，就可以每週拿到三塊錢的零用錢。然後一些大型的工作，比如清理冰箱、洗車可以額外付十塊錢。孩子拿到錢後，有權任意支配，不要逼迫他一定得給乞討的老爺爺，或者買文具。哪怕他把所有錢都買了一個浮誇的玩具，你也由他。重要的是你們雙方都需要一個契約。

你可以在給孩子零用錢之前，就跟孩子商定好契約，包括獎勵和懲罰。如果孩子帳目清楚、用途正當，可以獲得加薪，反之減薪。你也可以和孩子約定，如果孩子沒有做好自己負責的那部分家事，就要承擔後果。比如洗自己的襪子，如果偷懶不洗，第二天只能繼續穿髒襪子，或者花掉一塊錢請媽媽幫他洗。

教孩子在生活中統籌時間

如前所言，時間鐵面無私地流逝著，一天二十四個小時，對所有的人都無比公平。我們永遠沒有辦法增加時間的長度，幸好我們有辦法增加時間的厚度。在這一小節，我們介紹一種時間魔術——時間統籌。

小華晚上八點鐘開始準備睡覺，按照媽媽的要求，她需要在八點半睡覺前完成聽英語十五分鐘、收拾書包、刷牙洗臉、洗澡幾項任務，同時她還有一項背誦古詩的作業沒有完成。小華這樣安排她的時間：先拿個小板凳坐在學習機旁聽了十五分鐘英語，然後花費五分鐘刷牙洗臉，十五分鐘洗澡，洗完澡後用五分鐘收拾書包，五分鐘背古詩，共用四十五分鐘。

小桔和小華面臨同樣的任務，但她這樣來安排：一邊聽英語，一邊收拾書包、刷牙和洗臉，還順手拿出了明早穿的衣服放在床頭邊，用十五分鐘。一邊洗澡，一邊背古詩，用十五分鐘，共用三十分鐘。

同樣的任務，小桔從從容容，小華匆匆忙忙，結果小桔還節省十五分鐘，為什麼？

奧祕就是時間統籌。

有位數學家對時間統籌的原理和方法做了清楚的闡釋：比如，想泡壺茶喝。當時的情況是：開水沒有；水壺要洗，茶壺茶杯要洗；火生了，茶葉也有了。怎麼辦？

辦法甲：洗好水壺，灌上涼水，放在火上；在等待水開的時間裡，洗茶壺、洗茶杯、拿茶葉；等水開了，泡茶喝。

辦法乙：先做好一些準備工作，洗水壺，洗茶壺茶杯，拿茶葉；一切就緒，灌水燒水；坐待水開了之後泡茶喝。

辦法丙：洗淨水壺，灌上涼水，放在火上，坐待水開；水開了之後，急急忙忙找茶葉，洗茶壺茶杯，泡茶喝。

哪一種辦法省時間？我們能一眼看出第一種辦法好，後兩種辦法都安排不當。

如圖 7-1 所示。

時間統籌的原理很簡明——有些事情可以同時做，這樣能節省時間。但這個簡單的原理連接到生活中，卻不是人人都能嫻熟地掌握。不信看看那些花四十分鐘做不出一碗麵的爸爸，花費五個小時搞不定作業睡不了覺的孩子……

教孩子在生活中統籌時間，我們需要找出孩子的生活中哪些時間可以拿來統籌，想出如何來統籌。我們的建議有如下幾點。

一．路上的時間

孩子上學放學，路上的時間加起來，常常會超過半小時了。這可是一段長時間，而很多家長把這段時間浪費掉了。通常我們接送孩子，分為步行、騎車、公車、開車等幾種方法。

步行可以做的事情最多。比如，一邊走路一邊和孩子聊天。在親子生活中充滿了「你怎麼這麼笨！還沒聽懂啊？」、

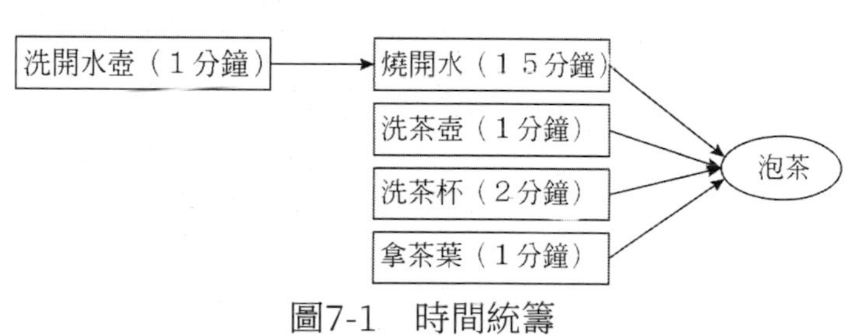

圖7-1　時間統籌

「快點！快點！怎麼這麼拖拖拉拉！」、「跟你說過多少次了……」之類語言和內容的時候，和孩子好好聊聊天顯得彌足珍貴。

我們可以隨意和孩子閒談，聊聊他在學校的感受，和同儕之間的趣事，最近的心情，讓孩子感受到我們的關心，也向孩子示範社交的正確方式——對他人保持溫暖真誠的興趣。我們也可以把巧妙的教育融入和孩子的聊天，聊聊通貨膨脹、世界能源、秦始皇……在聊天中悄悄了解孩子的興趣，引導孩子成長。我們還可以在聊天中配合老師的教學，比如孩子看到一隻漂亮的鳥，我們假裝沒看到，引導他描寫這隻鳥的顏色、動作、翅膀的樣子，比如我們可以示範講述自己小時候發生的一件趣事，然後引導孩子也來敘述一個故事。聊天像個萬花筒，我們可以在聊天中，和孩子演繹出輕鬆有趣又豐富多彩的內容。

步行路上還可以引導孩子觀察諸如四季的交替，日月的投影，樹木的變化，鮮花的開落，商鋪的興衰，路途遇到的各色人等，都是豐富的刺激，都是供孩子觀察的素材。

最無聊的情況，步行路上我們還可以完成一些作業。有一次一個家長跟我說，孩子才一年級，作業時間要三個小時，其中一個半小時花在背誦上，也因此孩子每天都晚睡。我建議她可以考慮下，把背誦時間挪到接送孩子的路上，不經意地，媽媽背一句，孩子背一句，說說笑笑，就把作業完成了，不需要坐在書桌前，愁眉苦臉地背。這樣一來，就可以節省一個半小時的時間。

開車的話，如果家長一個開車，另一個陪孩子的話，也可以進行這些聊天和觀察。如果只有一個家長開車或者騎車接送孩子的話，當然還是安全第一，不能隨意談笑。不過可以讓孩子在車上聽英語、聽音樂，也可以鼓勵孩子在後座上唱唱歌，快樂的開始或者結束一天的學習。

二．用餐時間

我們對親情的很多感受都是和「用餐」連繫在一起的，常回家看看，意味著媽媽會做出一桌好菜，一家人團團坐，歡聲笑語。餐桌，就像親情的聖殿。

前一段時間，網路上流傳的一位媽媽和女兒相處的影片。早上起床後，上幼稚園的女兒絮絮的和媽媽說話，媽媽把兩個袋裝小麵包和一盒牛奶遞給她，就拿出手機來一直看。女兒稚嫩柔軟的童音飄蕩在空氣裡，媽媽的面目呆滯，彷彿世界上只有手機能夠吸引她的注意力。這樣的早餐，多麼讓人難過，感情流動消失了，孩子

的世界顯得空洞冷漠。

如果你工作繁忙，那麼至少在早餐的時候放下手機，好好陪陪孩子吧，對他微笑，聽他說話，把雙方一天的好心情點亮。

餐桌還是一個感恩的地方。我們可以讓孩子知道，美味的食物是怎麼來的。農民春種秋收，汗珠滴在土地上，才得到了麥子。麵粉廠的工人們辛苦忙碌，才得到了麵粉。麵包廠的工人們把一袋袋麵粉做成了美味的麵包。運輸人員把它們運到了超市。媽媽去超市把它們買回家。一個普普通通的麵包，裡面包含了多少人的勞動？如今成為擺在我們面前的美味，讓我們盡情享用。也許我們不需要餐前禱告，也許我們不需要先致謝再用餐，但是我們的孩子需要知道，他可以在心裡悄悄感謝，感謝他們讓我們得以享用美好的食物。不管多麼富裕了，都要敬惜食物。

三・玩耍時間

孩子玩耍，不僅僅是放鬆，更是習得社會規則的機會。我常常觀察孩子們玩耍，女孩子常常很快就完成了民主、和諧的分工合作，你當醫生，我當護士，我們一起替洋娃娃看病。而男孩子卻經常爭奪領導權，然而最終都會順利形成一個領導者，或者是年齡最大的孩子，或者是玩具最多的孩子，或者是開始這場活動的孩子。有些孩子會不斷反抗權威，有些孩子會順從，有些孩子游離隊伍之外，有些孩子不斷出謀劃策，在一次次嘗試中，他們慢慢找到自己的位置。

孩子們還在遊戲中遇到各種情況。如何加入到一個已經在愉快玩耍的「小圈圈」？被拒絕了怎麼辦？被孤立怎麼辦？如何在隊伍中脫穎而出？如何才能得到隊友的支持？孩子們在一次次的玩耍中，各種社交技能都經歷了從生疏到熟悉的完整過程。有些心理學家認為，孩子需要在遊戲中完成社會連結，從而實現自己人格的整合，這也是非常有道理的。

當下，孩子們的時間寶貴，和同伴們自由玩耍的時間越來越少了，但爸爸媽媽還是要努力創造機會，讓孩子和同伴們自由自在的玩。因為玩耍也是一個很划算的時間統籌範例：孩子很快樂，孩子的旺盛精力得到了健康的發洩，也很容易習得了社交技能。

四．碎片時間

我們和孩子的生活中，還存在很多的碎片時間。比如帶孩子去吃飯，等待上菜

的時間。這種時間很尷尬，有時候我們被孩子纏得很煩，只好把手機遞給他玩，又費眼睛又費時間。其實我們可以提前準備，帶上一本他喜歡的書，這樣他就可以喝著果汁看書，而我們也可以閒下心來，好好享受我們的食物了。

善於利用碎片時間，是時間大師們的法寶。歐陽修既身居高位政務繁忙，又是文壇領袖，他是如何做到的？有一個佳話叫做「三上」，他的文章都是在馬上、枕上、廁上構思的！

如今，我們尤其要重視碎片時間，因為我們太容易用滑手機等方式吞噬掉我們所有的碎片時間。在捷運上、大街上，幾乎所有的人都在低頭看手機，有些人是用手機在一點點累積幫助自己完成學習工作任務，有些人則是東滑滑、西滑滑而已。我們要幫助孩子利用好碎片時間，自己也要做好榜樣。

五・一些慎用的時間

對於一些高手來說，孩子的作業時間也是可以統籌的，但是當然要慎之又慎。

我也嘗試過利用孩子的作業時間，但我並不敢用整塊，只用孩子默寫的時間。因為默寫生字對孩子來說，是簡單的工作，不需要投入太多腦力，因此我把它稍微拓展了一下，變成了一段美妙的親子互動時光。孩子和我約定，他寫完一個字，就發出一個怪聲，如果沒寫完就發出另一個怪聲，讓我猜測要不要聽寫下一個。我常常故意猜錯，大家哈哈取笑。我等他寫字的過程中也會閒聊，比如聽寫到「羅馬」，就說說凱撒（Julius Caesar）、角鬥士之類的，孩子會一邊寫一邊補充他知道的羅馬故事。這個過程很好玩也很隨意。但如果孩子做試卷以及其他不需要家長參與的作業時，我就選擇不干擾他。

生活中的時間統籌，還有很多，以上是拋磚引玉，更多的需要家長們根據自己和孩子的生活習慣慢慢去調整。

第八章　和時間做朋友，讓孩子贏在未來

時間很珍貴，而我們對時間的流逝無能為力。越早認識到這一點，我們越能主動地去把握自己。如果我們及早地把對時間的洞見、認知和信念教給孩子，孩子就越有希望成為時間的朋友，把握自己的人生。前面我們講了很多具體的方法，這一章我們回到根本，從更深的層次教會孩子管理時間的奧祕。

本章的重點主要包括如下內容。

- 目標的分解：把大目標分解成小目標，把小目標分解成可操作的具體動作，這是管理時間的本質。
- 評估目標的兩個原則：興趣和資源。
- 練習自律：讓孩子在自主、自信和自由中，練習控制和失控，最終形成自律能力。
- 根本累積：要捨得在孩子的根本能力上花時間累積，而不是困在眼前。

有目標的孩子才有管理時間的動力

很多孩子面臨的一個共同的困境是，他們的時間被過度安排，甚至根本沒有動力去思考管理時間的必要性。這才是過度教育最悲哀的地方，孩子成為一個沒有自己目標的牽線木偶，麻木地完成大人的指令。沒有目標的危害在孩子一帆風順的時候不容易發現，但孩子一旦遇到挫折，哪怕最微小的挫折，都會給孩子帶來毀滅性的迷茫和打擊。

小方是一個「完美」的孩子，從小不但成績好，鋼琴也彈得很好，早早就考了證照。小方還是個健康強壯的孩子，是班裡的短跑健將。升上國中後，小方一如既往保持了優秀的成績，但是突然有一天，小方對媽媽說不想去上學了。媽媽大驚失色，百般追問也得不到答案。小方就是不肯去上學，就悶在房間裡不肯出來。媽媽無奈只好帶小方去找教育專家，小方才吐露原因，因為自己在學校人緣不好，選班級幹部落選了。專家和小方探討上學是為了什麼，將來想成為一個什麼樣的人，小方一片茫然地回答：沒想過。

小方是一個雖然各個方面都優秀的，但沒有目標感的孩子。所以當他在學校遇到了一點點挫折的時候，他缺乏動力去應對和改變。他因自己人緣不好感到不快樂，但是他缺乏心理能量去思考自己想要什麼，以及如何得到。

小方不是一個孤例。我們傷心和不解地看到這樣的新聞，一個名校的資優生或者一個國中就出版學術專著的天才少年，重度憂鬱甚至自殺身亡。對這些孩子，輕飄飄地說一句「抗壓性差」是不負責任的，因為所有人的人生，歸根究柢都只是意義感和無意義感的賽局。時代帶來了新課題，而父輩們沒有成熟的答案。如今的孩子們在物資豐富的環境下長大，他們無法天然形成為生存奮鬥的目標感和意義感，所以孩子們在精神上非常難熬，他們需要父母引導，帶領他們一步步學會樹立目標。

在目標的指引下，他們才可以有效地去使用他們一生的時間，而不是在迷茫中蹉

跎，甚至放棄掉自己的時間。

目標對一個人的重要性是無與倫比的。如美國哲學家愛默生（Ralph Waldo Emerson）說：「一心向著自己的目標前進的人，整個世界都為他讓路。」相關研究也證明了這一點：

在畢業時，哈佛大學的學生被問及這樣的問題：「你是否有明確的生活目標並把它寫下來了？你是否已經制訂好了計畫去實現它？」

接受調查時，這些畢業生的智力、學歷、環境等條件都差不多。調查結果發現：只有百分之三的畢業生有清晰的目標並把它寫了下來；百分之十三的畢業生有目標卻沒有寫下來；其餘百分之八十四的人除了打算離開學校後好好痛快的過個暑假以外，什麼目標也沒有。

十年以後，研究人員又找到了當年那些被調查的學生。他們驚訝的發現：當初那百分之十三制定了目標但沒有寫下來的畢業生賺的錢，是那些沒有目標的百分之八十四的畢業生的兩倍。而最令人驚奇的是，當初那些目標明確，而且把目標寫下來的百分之三的畢業生，他們賺的錢平均是其餘百分之九十七的畢業生的十倍。十年來，他們始終朝著同一個方向不懈的努力，十年後，他們幾乎都成為社會各界頂尖人士。

為什麼目標有如此神奇的力量？其實道理很簡單，第一，目標聚焦時間。如果我們學會精準的記錄自己一天的時間，我們就會驚訝的發現，絕大多數時間是被浪費掉了，我們也許花費大量時間在看手機上，但自己並沒有感覺到。我們覺得自己只是無聊的時候隨便看了幾次而已，加起來竟然有幾個小時？但是，當我們心裡有一個清晰明確目標的時候，它會縈繞不去，充滿我們的心田，這樣我們的潛意識會無時無刻不為它輸送時間，有效地利用好碎片時間和統籌時間。第二，目標提高時間效率。很多時間比較低效，是因為漫無目的。今天學這個，明天弄那個，看似忙碌，但都沒有專心，效率自然就不會高。而明晰的目標，會讓我們做事情的時候更沉浸其中，調動所有的思維資源，做事會更高效。

目標可以分為兩類：大目標和小目標。大和小不是涇渭分明的兩個部分，而是連續的一個譜系，就像一條蜿蜒到天際的小路，遠和近永遠是相對的。我們在這個譜系中選擇兩個點，示範一下如何一步步引導孩子確立目標，供家長參考。

先說說大的，人生目標。

孩子們在小學階段，世界逐漸在他們眼前展開，他們開始初步理解工作、職

業、家庭和社會，開始萌發出初步的願望，自己想要成為一個怎樣的人，將來要做什麼工作。所以我們常常聽到孩子們天真、快樂地說，長大後要當科學家，當警察，當醫生，當快遞員，當麵包師傅……對多數孩子來說，這些目標連繫的是最淺層的認識，孩子們並不真正了解這些職業意味著什麼。大人深知這一點，所以往往聽過笑過就算了。這是非常可惜的事情，因為雖然孩子不知道職業背後的深意，卻萌生出了朦朧的職業渴望，此時恰恰是教育的良機。孩子走向他人生的宏偉殿堂，這是第一個臺階。家長應該怎麼做，才能更好地引導孩子呢？

一．和孩子討論他的目標

孩子不知道每個職業意味著什麼，我們知道啊，我們可以和他討論。我們也不知道的，可以和孩子一起查資料。

如果孩子想當科學家，很好啊，我們可以給他講一講這個職業的偉大和心酸。愛迪生（Thomas Alva Edison）發明了電燈，是如何改變了我們的生活。瓦特發明了蒸汽機，是如何拉開了工業革命的偉大序幕，徹底改變了人類社會的格局。歐本海默（Julius Robert Oppenheimer）發明了原子彈，是如何提前結束了「二戰」，但大規模的殺傷力威脅了人道主義生存，所以更多人認同現在核武器只能作為威懾存在……

如果孩子想當快遞員，很好啊，我們可以和他討論歷史上最早的快遞——驛站是如何運作的，馬作為運輸工具如此重要，漢武帝甚至為了汗血寶馬去攻打大宛，後來自行車、火車、飛機一一出現，使人和物在時空中的轉移變得如此迅捷。我們也可以和他討論電子商務和網路，使很多傳統產業衰落了，但物流業日益興盛，所以我們會看到那麼多的快遞員，他們使我們的生活更加便利……

很多家長聽到孩子想當科學家、市長就很高興，誇獎孩子有志氣，聽到孩子想當快遞員、美甲師就很擔心，覺得孩子胸無大志——好像八九歲的孩子是神燈精靈一樣，說一個願望就能馬上實現。

其實還真不是這樣，童年大部分願望都會湮滅，孩子隨著成長，會像小蝦蛻皮一樣，每年都在更換願望。我們要做的，是心態放輕鬆，陪他一起去了解和探索。畢竟，對這麼大的人生目標來說，孩子還有近二十年的時間去慢慢明確。

二．引導孩子分解目標

我們說一個成功的人，既要仰望星空，又要腳踏實地。奧祕也很簡單，就是高且遠的思維格局，配合細且近的行動習慣，說得通俗點，就是胸懷大目標，並善於把大目標分解成小目標，把小目標分解成一個個可操作的動作，並高效地完成它。

英國紀錄片《成長系列》裡，七歲的孩子們談論自己的夢想。讓人驚訝的是，菁英階層的小男孩 Andrew 和 John，他們不但已經擁有了明確的人生大目標——成為著名律師或者其他著名人物，而且已經能夠分解目標——上名校和牛津劍橋，最重要的是，他們已經開始付諸行動——每天閱讀《金融時報》和《觀察家》。最終我們也看到他們在接下來的一生中按照既定路線，順理成章地實現了自己的目標，過著上層階級優渥的生活。

小康家庭的孩子，則有模糊的夢想，反對種族歧視、幫助有色人種或者到哪裡上學讀書、有個什麼職業，但在目標分解和實現路徑上沒有想太多。畢竟他們才七歲，人生還有無限可能。事實上，我們也在後面的劇情中看到了他們的無限可能，他們有些人變成了名校教授，躋身菁英；有些人成為公務員，穩定幸福；有些成為老師，平淡安寧；有些成了建築工人，貧寒落魄。

而生活在貧民窟的孩子們，幾乎談不上什麼夢想和人生目標，有人希望當馴馬師賺錢，有人希望能有機會見到自己的爸爸，吃飽飯、少罰站、少被打。他們年老以後，都當了一堆孩子的爺爺奶奶，做的工作是修理工、保全，常常失業，他們的孩子也繼承了他們的命運。

《人生七年》讓人唏噓，我們很容易得出一個結論：階層固化。但為人父母，應當問得更深：階層固化了什麼？錢？教育資源？小康家庭的小孩不是一樣也可以去讀牛津劍橋嗎？階層更多固化的是眼界和思維行動習慣。

當七歲的上流社會小孩在讀《金融時報》和《觀察家》的時候，當他們少年時期刻苦攻讀的時候，他們早早就知道了目標和行為之間的關係，他們早就聚焦了所有的時間，全力以赴地向心中的目標去衝刺了，這才是「贏在起跑線上」的意義。

分解目標不是那麼容易的事情，孩子無法天生就掌握，這個時候，父母的示範和幫助尤為重要。

對於普通人來說，也許我們沒有太多的機會去向孩子示範，但我們可以付出心力，引導孩子，甚至和孩子一起學習和探索。比如，孩子想當科學家，我們聽到後，講完故事給孩子聽後，接下來該做什麼？

當然是分解。科學家需要那些能力——觀察、測量、比較、分析、記錄、描述、提出假設、驗證……我們可以在生活中引導孩子刻意去做練習，兩片葉子，葉脈有什麼不同？顏色有什麼不同？為什麼不同呢？科學家需要哪些基礎知識——數學、物理、化學、生物等學科現有的科學成就孩子知道嗎？感興趣嗎？我們有很多的科普繪本可以讓孩子了解到這些知識，也有很多博物館供孩子去探索，也有圖書館供孩子去查資料。

有了分解，有了行動，目標才是真的，否則只是說說而已。一旦孩子學會了這種分解，真切地把他自己的目標和當下的學習連繫在一起，家長還需要督促孩子背課文，做練習嗎？孩子會自覺主動去完成。

三・引導孩子鎖定目標

有些孩子，在很小的時候就已經目標明確、行動堅決了，這常常得益於父母的資源，讓孩子早早就擁有了深邃的洞察力。但對大部分普通孩子來說，選擇目標的能力需要訓練，孩子需要在不斷的探索中找到真正適合自己的那一個。雖然我們都知道，人生目標鎖定的越早越好，但父母著急卻無濟於事，因為孩子自己認可的，才是他的人生目標，父母強加的，只是枷鎖，有害無益。

但是，尊重孩子的選擇並不意味著我們無所作為，我們也不應該無所作為。我們能做的事情主要有兩個。

一是在潛移默化中向孩子滲透正確的選擇標準。父母思維向孩子的滲透是自然而然的，完全無須用力。比如同樣兩個貧苦的家庭，日日操心吃穿用度，一位媽媽愁眉苦臉，總擔心會餓死，另一位媽媽樂觀努力，相信會越來越好。不用媽媽說什麼，兩個家庭出來的孩子，性格和命運，一定是全然不同的。

所以滲透很自然，關鍵是正確。什麼才是適合你孩子的人生目標？選擇標準很簡單：興趣和資源。

興趣很重要。著名心理學家加德納（Howard Gardner）提出了「多元智慧理論」，每個孩子都有他天生擅長和喜歡的領域，在這個領域，他會更專心致志，樂在其中，也更容易取得成就。興趣也許來自大分，也許來自家庭環境，也許來自童年的偶然事件，但父母應該做的，是幫助孩子發現他的天賦所在，並不斷強化它。當前很多父母，會逼著孩子做他們壓根沒有興趣，或者和他的天分背道而馳的事情，僅僅是為了表面的「穩定」或者「體面」，這種想法是很可怕、並且嚴重浪費孩子生

命的一件事。要知道，如果逼迫一個人做他全無興趣的事情，結果只可能是兩個：或者他一生碌碌無為，或者他中途改弦更張。當然，還有很多孩子，在父母的壓力下，或者受父母資源限制，一生都不曾發現自己的興趣所在。

資源也很重要。為什麼上一代的父母，總是逼迫孩子「穩定」或者「體面」？因為他們的童年多數飢寒交迫，動輒被打罵，在他們的思維中深深烙上了印痕。雖然現在生活富足了，但他們潛意識中仍然非常害怕自己親愛的孩子餓死或者被隨意對待。這一代父母為什麼非常焦慮，逼迫孩子「上進」和「優秀」？同樣的道理，我們的童年，資源雖不算貧乏，但遠遠不夠，只有出類拔萃的人，才能得到優渥的生活，我們潛意識裡非常擔心我們親愛的孩子，淪落到社會底層，被人看不起。但是，當我們去評估資源的時候，我們應當明白，我們評估的不是自己的童年資源，而是孩子的童年資源，不是我們的時代，而是孩子的時代。人工智慧已經來了，未來需要的，不是寫題機器，不是記憶達人，不是樣樣懂點皮毛的平庸之輩，而是有個性的人，有專長不可取代的人，有創造力和遠見的人。我們的資源，尤其是認知資源，夠不夠？不夠趕緊自己去努力，努力賺錢，努力發展自己的職業，努力去學習新領域的知識，不要用落後的資源限制孩子、綁架孩子了！

四・引導孩子堅持目標

孩子的目標確定後，也許他很有興趣，也很擅長。但世界的真相是，哪怕你最擅長和喜歡的事情，也會遇到枯燥、乏味、辛苦和想放棄的部分。這個時候，我們要給孩子打氣，引導孩子堅持。

有些父母奉行嚴厲教育，不管孩子是否喜歡彈琴，又打又罵逼著孩子彈下去。有些父母奉行快樂教育，剛買了一架漂亮的鋼琴放在家裡，孩子說不想學下去了，立刻就把鋼琴賣了。其實這兩種做法都欠商榷。嚴厲教育和快樂教育不是針鋒相對的兩個教派，而是父母的兩隻手，缺一不可。一隻手用來引導孩子發現自己真正的興趣所在，尊重他的嘗試和放棄，另一隻手用來推孩子一把，讓他學會應對枯燥艱辛的部分。

有些家長會問，那我如何判斷呢？有一個禱告說得很好：「願上帝賜我平靜，讓我忍受我必須忍受的。願上帝賜我勇氣，讓我改變我可以改變的。請上帝賜我智慧，分辨兩者之間的不同。」判斷孩子的放棄是真不感興趣，還是怕辛苦，需要父母的智慧。這種智慧需要我們了解自己的孩子，也需要我們有敏銳的觀察能力和判斷能力。有一些線索可以幫助我們判斷，比如孩子在生活中是否有勤勞的品格？孩子

是否遇到了困難？課程是否進展到了枯燥練習的部分？

當孩子需要堅持的時候，我們仍然要選擇耐心地和孩子交流，講述他崇拜的英雄，分析道理，不可說氣話打擊孩子。當孩子說氣話的時候，我們要冷靜，不和他對抗，但是要態度堅決，要求他堅持下去。相信當孩子回首往事的時候，他會感激父母在他脆弱的時候，給予的溫暖又不越界的幫助。

說完大的目標，再說一個小的。比如「提高計算能力」這個目標應該怎麼完成呢？

一．寫下具體目標

我們可以建議孩子，把具體的目標用紙寫下來。這是非常有效的，提升孩子責任感的辦法。這其實也是我們前面講過的「清單思維」的應用。

寫下來的目標應該是具體的、可量化的，比如「提高計算能力」不可以寫成：我要努力提高計算能力！我要變成計算高手！這樣的目標太含糊，相當於沒有。具體可量化的目標長這樣：

我要在一個月內實現，一百以內的加減法五分鐘完成一百題，正確率達百分之九十五以上。

有時間，有量化標準，這才叫具體目標。

二．把目標分解成行動

目標要完成，必須細化到小的行動，並且一一落實，否則是沒有意義的。比如我們舉例的這個小目標可以分解成：

每天完成兩頁心算題（每頁一百題，均為一百以內加減法），並記錄時間和正確率。

然後孩子可以按照這個分解動作，每天去努力。一個月後孩子的計算速度和正確率一定會大大提升。

三．目標完成後的慶祝和總結

一個月後，如果我們的分解是科學的，孩子基本上會完成既定的目標。這時候可以有個小慶祝，比如去孩子喜歡的餐廳吃一頓大餐，或者買他一直心儀的玩具。又或者只是在吃飯的時候，加個菜、碰個杯。又或者只是摸摸孩子的腦袋。做什麼

不重要，重要的只是傳達慶祝的喜悅。

如果孩子沒有達成，也不要氣餒，可以開個總結會，討論分解不合理的地方，重新制定分解動作。

當孩子慢慢習得了目標思維，大大小小的目標，會幫助孩子主動去應對時間，去使用時間，孩子會逐漸成為一個主動而自由的人，成為一個堅強而越挫越勇的人。所以，目標，是我們送給孩子駕馭時間的第一個禮物。

懂自律的孩子才能駕馭時間的力量

我們要送給孩子第二個駕馭時間的禮物，是自律。所謂自律，就是擁有自我約束的意識和能力。

小卓九歲，上小學三年級。每天早上他按時起床，用十五分鐘時間吃完豐盛的早餐，牽著媽媽的手，說說笑笑去上學。學校的自修時，他快速地把作業寫完，或者至少寫大部分。回家後，從容地吃完晚餐，小卓會玩半個小時，餵小烏龜，或者玩自己的小汽車。然後小卓會把剩下的作業寫完，一般不到半小時。接下來就是幸福的閱讀時間了。小卓在自己的書架上隨意挑選，坐在自己的小閱讀燈下讀書，有時候還會吃點水果。爸爸媽媽也在看書和學習，看累了的時候，三個人就一起聊天打鬧，痛痛快快地玩笑一會兒。到了晚上八點半，學習機響起來的時候，小卓就一邊聽英語，一邊收拾書包，洗漱、洗澡，九點準時睡覺。

小卓這種自律的生活，不僅讓他每天都精神飽滿、心情愉快，而且學習成績很好。其他家長都很羨慕小卓媽媽，說她命好，攤上了一個不用操心的好兒子。但小卓媽媽卻告訴大家，兩年前，小卓剛上一年級的時候，每天的生活亂七八糟，拿起iPad就一發不可收拾，完全沒有時間管理觀念。那麼小卓是怎樣改變的呢？

一．先自主，再自律

小卓上一年級以後，媽媽開始是全程鬥智鬥勇，從叫小卓起床，到催他寫作業，再到催他洗澡睡覺，一項一項催，但結果是越催越慢。媽媽用了全部的招數，講道理給他聽，寫完作業你才能早早玩啊，你看和那些上了很多才藝班、回家還要寫補習班作業的同學來比，我已經夠仁慈的了……媽媽說得口乾舌燥，小卓堅持了兩天。媽媽開始武力逼迫，快點把iPad放下，快去寫作業，趕緊！不然打你！小卓

又堅持了兩天，又鬆懈了。

媽媽幾乎對小卓失去信心了。後來好朋友的一句話點醒了她：「父母管得太多，孩子就會在潛意識裡覺得自己是父母的傀儡，一切責任都在父母身上，孩子就會喪失獨立自主的意識。」

小卓媽媽抓到了關鍵詞：自主，讓孩子自己負責。她決定不再自說自話地要求小卓「你寫完這項作業才能休息」，「你要看書三十分鐘，現在開始」，而是讓小卓自己決定。

媽媽和小卓商量：「今天語文、數學、英語各有三項作業，你打算怎麼安排時間呢？」小卓很驚訝地看著媽媽，因為他已經習慣了媽媽的指令，現在媽媽表示她撒手不管了，小卓很困惑。媽媽仍然耐心地鼓勵小卓：「你現在是大孩子了，只能在週末玩 iPad 了。但媽媽決定把你的作業自主權還給你。你自己來安排時間，需要媽媽幫助的時候，媽媽就在這裡。」

小卓反應過來之後很高興，於是決定先玩夠了再寫作業。他一會兒看書，一會兒吃東西，一會兒拿出玩具來玩。時間一分一秒地過去，媽媽如坐針氈，幾次都想去對小卓說點什麼，哪怕旁敲側擊一下呢！但爸爸一直在對媽媽使眼色，媽媽忍啊忍啊，終於忍住了。到九點鐘的時候，小卓急了，開始慌張的寫作業，可是他很困了，更加覺得作業難寫。爸爸在看書，媽媽也在看書，小卓左搖右晃，喊媽媽過來幫忙。媽媽平靜地解答了小卓的難題，又默默走開了。時鐘指到十點的時候，媽媽過來親親小卓，說：「寶貝，我們要休息了，你寫完作業後記得關燈哦。愛你，晚安。」

爸爸媽媽關了燈，悄悄等待，終於在十點半的時候，他們聽到小卓收拾書包，到廁所刷牙洗臉了。然後十一點的時候，小卓房間的燈終於關了。

第二天晚上，小卓回家來，吃完晚飯就立刻拿出了作業本。媽媽深深覺得，幸好前一天忍下來了。後來小卓不斷反覆，媽媽都忍著不去越俎代庖，半年多後，小卓已經慢慢習慣了自己管押作業時間。嘗到甜頭的媽媽逐漸把自主性拓展到了孩子生活的很多方面，從起床到學習，都讓小卓自己來安排，小卓越來越得心應手了。

二．先自信，再自律

賈伯斯（Steve Jobs）說過一句話：自由從何而來？從自信來，而自信則是從自律來。這句話非常精彩，但對孩子來說，反過來更成立——自律從自信中來。

孩子相信自己能自律，然後他才能做到。

這個話聽起來有點繞，但道理是清楚的。自律其實需要很大的心理能量，對很多成年人來說，暫停正在打的遊戲，或者堅持跑步都是件不容易的事情，何況孩子呢？孩子並不覺得玩得好好的，突然要睡覺有什麼重要意義，也不理解早早寫完作業有什麼好處。在不理解的情況下這樣忍耐和堅持，需要更多的心理能量。

我忍不了！我無法堅持！這是很多孩子的心聲。從堅持跑步，到堅持早睡，到寫作業，到不玩遊戲，孩子們會覺得艱難。但是如果孩子內心對自己有堅定的信心，而父母又可以不斷去強化這種信心，孩子就可以體會到擁有自控力的快樂和成就感。

但孩子的自信哪裡來？我們無法搖晃著孩子說：「你要自信！」或者大吼：「你為什麼這麼軟弱！」就能打通他的任督二脈。心理學家的研究告訴我們，孩子的自信來自於父母的「鏡映」。最早，孩子並沒有自我意識，他們是一點點地從父母的反應裡找到自己。父母認為孩子煩、笨、壞，不自覺地，孩子也就這樣塑造自己。父母認為孩子既可愛、聰明，又有很好的自控力，孩子也會這樣看待自己。

所以孩子的自信來自於父母心平氣和的鼓勵，和恰如其分的肯定。小卓的媽媽如果在小卓剛剛學會自主掌控時間、把一切搞得一團糟的時候走過來，冷冷地諷刺一句：「你就是不自覺！」那麼一切就會毀於一旦。自信被摧毀，自律更加無從談起。

三・先自由，再自律

我一直主張，每天要給孩子半小時完全自由的時間。在寒暑假，要給孩子一整天自由的時間。只要不傷害自己和他人，一切都完全自由。

因為自由和自律就像雞生蛋、蛋生雞，但人們首先有了自由，才能夠練習自律，否則只能叫他律，無法發展成自律。同時，人們又在自律中獲得真正的自由。孩子需要自由的時間來練習自律，這樣等他們真正獲得了自由的時候，才不會手足無措地荒廢時間。

我們舉個司空見慣的例子。很多孩子在學測之前學習非常好，甚至考上了名校。但進入大學後，突如其來的自由讓他們十分迷茫，離開了老師和家長的安排，完全不知道怎麼使用時間。於是天天逃課、打遊戲的有之，按照慣性天天泡自習室的有之，甚至有人休學、退學，把最寶貴的、最適合用來學習的大學時光荒廢掉，

多麼令人可惜！而很多新聞報導留學生到了國外，變得非常孤僻，這也有缺乏自由的訓練的原因所在。

把毫無自由訓練的孩子推向完全的自由，是不負責任的。我們要讓孩子在自由中練習自律，就像在水中練習游泳，就像在運動中練習肌肉，一步步加強他們的自律能力，學會用自律駕馭自由，這才是負責任的做法。就讓他偶爾試驗一下不加節制的虛度一天光陰帶來的內疚感、羞恥感，也許能夠讓他更懂得時間的價值。

懂累積的孩子才會獲得時間的回報

我們要送給孩子的第三個關於時間的禮物，是累積。這是最重要、最珍貴的禮物。我們前面講了很多技巧和方法，但我個人非常推崇這樣一句話：方法固然重要，但是比起「用功」來說，方法幾乎可以忽略不計。

小寧十二歲，上小學五年級。小寧活潑開朗，人緣好，學習也好。雖然每次考試都名列前茅，但在補習班中從來都找不到小寧的身影。她似乎很多時間都在玩，在社區玩滑板、教更小的孩子功課。很多家長來找小寧的媽媽討要「獨家祕方」，小寧媽媽想了又想，似乎也沒有什麼祕方。但小寧從小就喜歡讀書，四歲的時候一年就能讀五十萬字，如今十二歲每年讀一兩千萬字。因為從小讀得特別多，所以閱讀速度很快。一本二十萬字的小說，兩三個小時就看完了。英語也一樣，小寧從一歲多開始，不管是讀繪本還是聽故事，都是一半中文，一半英文，她說英語像說母語一樣自然，剛剛讀完了整套英文版的《哈利．波特》。媽媽還從小帶小寧玩各種數學遊戲，做科學小實驗。如今小寧學習非常輕鬆，而且年級越高越輕鬆。除了玩和給小孩子補課，小寧還參加很多登山、野外訓練營等活動，現在又愛上了德語，想趁暑假去學。

和那些天天趕場上課後加強班的小孩相比，小寧好像很輕鬆，然而小寧是不是個用功的小孩？當然是的，小寧是個真正用功累積的小孩，而不是急於求成、應付現在的小孩。

有很多家長問，為什麼我付出了這麼努力，犧牲了所有的個人時間，陪孩子上那麼多課後加強班，孩子還是在升學中失敗了呢？為什麼孩子還是沒有考上目標的學校呢？

因為你急於求成啊。你把孩子所有的時間集中起來應付當下，卻不肯為他的長

遠發展一點點地累積，把西瓜扔了，卻把芝麻當寶，還美其名曰是為了孩子好。結果是孩子疲於奔命，幸福的童年犧牲了，又沒有換得光鮮的未來，最後人財兩空。

在急於求成的問題上，有一個小故事特別發人深省。

有個小男孩得到了一粒神奇的時間鈕扣，如果想讓時間快一點，只需要順時針擰一下鈕扣就好了。上小學的時候，男孩盼著放學和放假，卻遲遲盼不到，他煩透了，想立刻走到大學畢業的時候。於是他擰了擰那枚鈕扣。奇蹟出現了，他長成了英俊的青年，正坐在畢業典禮上等待領取畢業證書。

然後青年開始忙碌找工作。半個月後他煩了，心想如果我現在已經有一份光鮮的工作了該多好！於是他又擰了擰鈕扣。他成為一名總裁，在寬敞明亮的大辦公室裡，指揮著上千人的大公司運作。

可是過了一年，青年又煩了，他希望有一個美麗的妻子，一棟漂亮的房子。他本來想用十年買一棟帶花園的別墅，但幾秒鐘後就實現了。他想用十年有兩個聰明優秀的孩子，幾秒鐘後又實現了。他想孩子成龍成鳳，出人頭地。幾秒鐘後又實現了……

他一次又一次擰著鈕扣，為自己的夢想如此順利實現而得意非凡時，看到了鏡子中的自己，已經滿頭白髮、老態龍鍾了。

這時，他才懊悔不已，自己的一生就這樣度過了，從童年直接到了老年！

他老淚縱橫地大喊：不！還是讓我一步一步走完我的一生吧，我願意耐心地等待。

原來是南柯一夢，他還是在孩提時候的課堂上。奇怪的是，他覺得天特別藍，鳥兒叫得特別悅耳，老師講課特別好聽。

這是一個集體焦慮的時代，如果焦慮的父母們手上有時間鈕扣，能不能控制住自己的手？會不會擰一擰讓孩子直接進入大學，然後自己的責任就了結了？

但大自然的規律，從來不因為我們的焦慮而改變。我們在春天種下一粒種子，耐心施肥、澆水、除草、捉蟲，等到秋天才能收穫。我們沒有因為焦慮，今天種下，明天就收穫。我們過量施肥，也許不但沒有作用，反而會傷害種子和土地。

我們養育一個孩子也是如此。事實上，孩子在六歲的表現，取決於家長在他零到三歲的時候，有沒有給他足夠的關注、溫暖和陪伴。孩子在小學階段的表現，取決於三到六歲的時候，家長有沒有引導他養成好習慣。孩子在青春期的表現，又取

決於孩子六到九歲的時候，親子關係的品質和能量。如果我們時刻都在急功近利，那麼我們一定做不好教育孩子這件事。如果我們不懂得累積的力量，目光短淺只看當下，那麼我們自己的職業發展也堪憂。

水滴石穿，繩鋸木斷。對孩子來說，越早明白累積的道理，越容易在未來的人生中獲得成功，特別是一些聰明優秀的孩子，如果不堅信累積，就很容易掉進優秀的陷阱。

我見過很多掉進優秀陷阱的人。因為聰明，他們可以很容易地進入一個領域，然後在小範圍內迅速出類拔萃，獲得一片驚豔的讚賞。於是他們相信一切都理應如此輕鬆，當遇到真正的困難的時候，他們往往就裹足不前了。潛意識裡，他們會形成一種思維定式，比如，這件事情很傻，我想做好這件事很容易但我不喜歡做。因為他們聰明，所以身邊人都對他們的藉口深信不疑，更強化了他們的想法。他們落入陷阱，在不斷的放棄和選擇中，繼續享受小聰明帶來的自我感覺良好，卻錯失了真正卓越的機會。

但另外一些人不同，他們真正看到了世界的本質，那就是萬事從無捷徑，速成從無可能，在一點一滴的累積中變得真正強大和卓越。美國兩位心理學家海斯和布魯姆（Benjamin Samuel Bloom），在研究了包括國際象棋、作曲、繪畫、鋼琴、游泳、網球以及神經心理學、數學拓撲學等眾多領域後，得出了一個結論：沒有真正的捷徑——即使是在四歲時就展露音樂天賦的莫扎特（Wolfgang Amadeus Mozart），也仍然用了超過十三年的時間才譜寫出了世界級的樂曲。英國作家山繆・約翰遜（Samuel Johnson）說：「任何領域的卓越成就都必須用一生的努力才能取得；代價稍微低一點都無法換來。」

累積如此重要，我們應該怎樣教給孩子呢？

第一，父母自己的示範。父母的焦慮孩子一定可以感受得到。在這個浮躁的社會中，我們置身其中，當然會有很多理由被吞噬，把人生的成功和幸福等同於物化的一切。但我們也可以選擇從這個日益豐富文明的社會中汲取營養，同時又讓自己的雙腳站在堅實的大地上，認可每天點點滴滴努力的價值，認可永不動搖的希望。當我們內心恬靜，充滿希望和好奇心地去努力過好自己的人生，我們的孩子也會有樣學樣，獲得強大的心智力量。

我們永遠不要太低估行動的力量，也永遠不要太高估語言的力量。我有一個朋友，她聰明又漂亮，但生了女兒後，因為家境非常好，她就辭職做了全職太太。日

復一日，她逐漸放鬆了自己，每天丈夫上班、女兒上學後，她就一直躺在沙發上看電視劇，看得入迷了，午飯和晚飯都叫外賣。但她對女兒還是很用心的，週末非常辛苦地陪女兒奔波在各個才藝班，一直教育女兒要能吃苦，要勤奮。有一天閒聊，她問女兒將來的理想。美麗又聰明的小姑娘很自然地回答：「我想像媽媽一樣，躺在沙發上看電視。」朋友淚流滿面，第二天就開始看書考證照，打算重返職場。說了那麼多，陪了那麼多，都不如一個不經意的行動帶來的影響大。

當然舉這個例子不是為了說，全職媽媽不好。事實上，我一直強調愛與陪伴。我只是想說，我們做的所有事，都看在孩子眼睛裡，烙在他的小心靈裡。我們得過且過，我們急於求成，我們不能腳踏實地地面對工作和生活，我們沒有克服困難、特立獨行的勇氣，就無法指望孩子擁有。

第二，重視培養孩子的根本能力。不管世界多麼喧囂，我們的孩子，在童年和少年時光最應該做的，不是在有限的科目上去窮盡所有時光，而是應該在閱讀中、旅行中、學習中、社交中，發現自己的天賦，完善自己的人格，發展各項技能，學會和別人合作，並慢慢培養決策能力。世事常變，產業和職業都飛速更替，但這些根本能力的要求是不變的。這些能力的累積是很慢的，比每天寫考題上個好學校慢多了，但它們對孩子一生的回報值得我們去下足這些功夫。

有時候一個孩子學到一定階段，無論多麼用功，無論有多少心靈雞湯，他都學不下去了。就像一幢高樓，地基淺窄，就只能蓋到某個高度，再高就坍塌了。更有甚者，像一個黑色的煤塊，用多少水都無法洗成白色。事實殘酷，只是我們不願意接受。

孩子在某個領域能有很高很高的上限，取決於兩點：他天生氣質的契合，他擁有該領域需要的核心能力。心理學的研究表明，每個人的優勢功能是不同的，而這種不同，天生氣質占到很大比重。一個孩子也許天生傾向於藝術的方式感知訊息，另一個孩子天生邏輯的方式來理解訊息。順應孩子氣質，耐心培養核心能力才是王道。

第三，有意識的訓練孩子忍受枯燥的能力。前面我們講到讓孩子做重複的、枯燥的家事，讓孩子在學習遇到困難和枯燥的時候堅持下去，都是希望孩子能夠學會累積，體會「行到水窮處」，才能「坐看雲起時」。還有一個訓練孩子的耐性的好辦法，是長跑和徒步。我觀察過很多孩子，發現多數孩子都希望短跑，因為很爽，但是長跑就沒有那麼酷了，長跑是默默的累積和堅持，枯燥到苦悶。但是能夠學會享

受長跑的孩子，在漫長的人生馬拉松中，也會有更平穩的心態。

著名作家村上春樹在《當我談跑步時，我談些什麼》指出：跑步是一種自己選擇的磨難。在他看來，跑步也好，寫長篇小說也好，要領一般無二，就是海明威（Ernest Miller Hemingway）曾經說過的：持之以恆，不亂節奏。小說家必須每天不間斷的寫作，必須集中意識地工作，這樣的訊息傳遞給身體，讓它牢牢記住，再悄悄提升刻度，一點一點地向上提升極限值。

其實何止是寫小說和跑步，所有的事情都是如此。在孩子們的智力全體提升的時期，幾乎所有的孩子都很聰明，學東西很快。但從優秀到卓越，只靠聰明就搞不定了，需要的是時間和耐心了。一點點努力、一點點突破自己的極限，日積月累下來，孩子才能真正超越他大多數同齡人，把自己的潛力發掘和發揮出來，成就豐碩的人生。

在我們生活的星球上，有很多生物。小羊、小鹿出生幾十分鐘就能跑來跑去，離開媽媽生活。小老虎要在媽媽身邊生活兩三年。而我們人類的孩子，要撫養整整十八年他們才能成年。這是為什麼呢？大自然早就揭示了這個祕密，那就是最美好的果實，值得最長久地等待，因為裡面飽含了時間的甜味。

願每個孩子都能在父母溫柔的牽引下，成為時間的朋友。

附錄　家庭教育答疑

關於孩子的教育，常常有家長來請教我們，有些已經超出時間管理的範疇。實際上，這些問題，在孩子的教育過程中，不但令很多家長非常煩惱，而且對孩子的發展也有著關鍵作用。因此，我們特地收集了一些這樣的問題，一一給出了建議，作為附錄放至本書最後，希望能為需要幫助的家長答疑解惑。

一·不了解自己的孩子怎麼辦？

毛毛媽媽的困惑

毛毛媽媽問：「你說的這些，從培養孩子的專注，引導孩子閱讀，到給孩子選擇課後輔導班，再到判斷孩子的潛力領域，前提是需要非常了解自己的孩子才行。可是我不了解我兒子呀，他不願意聽我說話。」

我問：「你是說，你不了解毛毛，是因為他不願意聽你說話？」

「對呀，」毛毛媽媽困惑地說，「我和他說什麼，他都裝作沒聽見，或者乾脆跑掉，還頂嘴。我怎麼能了解他呢？」

我提醒她：「如果你想了解毛毛，似乎應該多聽聽他說話？」

毛毛媽媽驚訝地看著我：「我從來沒有這樣想過！」

如果父母和孩子溝通不暢，很多父母會下意識地埋怨孩子，認為是孩子的問題。但事實可能剛好相反。父母沉溺於自己的說教和自己的標準中，並沒有誠意去了解孩子。

在所有類型的人際交往中，要了解一個人，核心的關鍵詞只有一個：傾聽。

父母和孩子之間也不例外。所以我對這個問題的回答非常簡單：要了解你的孩子，就要學會傾聽你的孩子。

傾聽，並聽懂孩子說話，站在孩子的立場裡，設身處地的去理解孩子，其實非常不容易。父母的焦慮和驕傲會時不時冒出來，抵制不住利用自己的權威身分，讓雙向交流變成單向教訓的誘惑。毛毛媽媽和毛毛的一段日常對話如下。

毛毛：媽媽，我不想上你幫我報名的英文班了。我同學……

媽媽：你說什麼？為了你上課，我們做了那麼大的犧牲！我們甚至搬了家，而且整個暑假都沒有辦法出去旅行！

毛毛：我知道你們犧牲很大，可是……

毛毛媽媽：補英文是為了你能考上一個好的國中，為你的未來打基礎。我跟你說過多少次了，你要安心學習，要有信心。你有這個能力，可就是不願意用功。

毛毛：我沒有不用功。

毛毛媽媽：你還狡辯，昨天是不是你拿著我的手機玩了好幾個小時？你要多讀書，少玩手機，少看電視……

毛毛：算了，媽媽，我去寫作業了。

毛毛媽媽：我還沒說完呢，瞧這孩子……

在這段對話裡，毛毛主動找媽媽聊天，他想告訴媽媽自己的情況，自己的想法，但媽媽塞住了耳朵，不願意聽，只願意說，用說教把毛毛擋了回去。

毛毛媽媽意識到自己沒有傾聽才是不了解孩子的根本原因後，重新和毛毛談到

了這個話題。

毛毛媽媽：寶貝，你上次說不想上英文課了，能和媽媽詳細說說你的想法嗎？

毛毛：沒什麼，不想說了。

毛毛媽媽：上次媽媽太著急，沒有認真聽你說話，是媽媽不對。但我很想知道你的想法，你可以告訴媽媽嗎？

毛毛：其實我想說的是，我有好幾個同學都在學校旁邊那間補習班上英文課，放學後直接過去，而且他們說老師講得很有趣。

毛毛媽媽：你的同學們很喜歡那個英文老師，而且還能一起去上課。

毛毛：是啊，我最好的兩個朋友都在那裡。他們還一起寫作業，討論上課時候發生的有趣的事情。只有我在別間補習班，所以他們說的事情我都不知道。

毛毛媽媽：你覺得沒一起上課，讓你和好朋友有點疏遠了嗎？

毛毛：有一點，不過我們三個還是很要好。

毛毛媽媽：那麼你想更換英文補習班嗎？

毛毛：不知道，現在的英文班其實也不錯。

毛毛媽媽：你可以再考慮一下，有什麼想法隨時和媽媽聊。

毛毛的要求也許合理，也許不合理，媽媽可能同意，也可能拒絕。但是媽媽如果想了解毛毛的真實想法，就要先打開耳朵，不過早打斷，不妄加評判，聽一聽毛毛真正想說的是什麼。聽下去也許媽媽會發現和自己想像的完全不一樣。毛毛想談論的是他的朋友，而不是媽媽以為的不想努力或者不自信的問題。

二．不會鼓勵孩子怎麼辦？

鼓勵到底是什麼？

小雪的爸爸問：「你總說要鼓勵孩子，可是面對自己孩子，煽情的話怎麼說出口？」

我問：「你覺得鼓勵是什麼呢？」

小雪爸爸說：「就是那些你很好，你很棒之類的無聊的假話，孩子聽多了會變傻。現實社會很殘酷，靠鼓勵長大的孩子都是沒用的人。」

我說：「你覺得鼓勵就是無論孩子做什麼，都說你很好，你很棒？」

「難道不是嗎？」

「不是。」

不是。學會鼓勵孩子，要先弄清楚鼓勵是什麼。

鼓勵是一種正面的「鏡映」，不是籠統的讚美。

小雪在為她的洋娃娃縫衣服，爸爸說：「你設計的這件衣服領子和裙襬真特別，一定費了不少功夫。這是用來做什麼的，參加宴會的禮服嗎？」這是鼓勵。爸爸說：「哇，你好聰明，你好能幹，你好棒」，這是讚美。

小雪彈了一首優美的鋼琴曲。媽媽說：「這首曲子讓我想起了我小時候上學，秋天去學校的路上天空飄下一片片金黃色落葉，安靜又美麗。謝謝寶貝，你的音樂讓我陶醉。」這是鼓勵。媽媽說：「寶貝，你太棒了，你彈得太好了！」這是讚美。

小雪考試考砸了。媽媽說：「寶貝，媽媽知道你對這次的成績不太滿意。其實這也是一個機會，來看一看我們到底有哪些重點沒有掌握好。媽媽相信，你可以分析出來並克服的。」這是鼓勵。媽媽說：「寶貝，你還是很聰明的，偶爾考差一次有什麼關係，下次努力就好了！」這是文過飾非。媽媽說：「你怎麼搞的，這麼簡單的題都能錯！你太粗心了！」這是批評。媽媽說：「你太笨了，一點都不像我的孩子。我小學考試很少不是滿分的。」這是貶低。媽媽說：「為你做了這麼多，花了這麼多錢，你就考這麼點分，你對得起我嗎？」這是討債。

所以鼓勵是什麼？兩個重要的特質：建設性、鏡映。

建設性的意思是，我們看到孩子身上好的部分，或者向好的部分發展，並且把這些部分描述給孩子聽。所以批評、貶低和討債，都不是鼓勵，因為對孩子的發展沒好處，缺之建設性。

鏡映，則是自體心理學的一個重要概念，父母像鏡子，孩子在其中照到自己的模樣。這意味著，父母對孩子的鼓勵是真實的、真誠的，不是敷衍塞責，不是文過飾非，而是真誠地看到孩子身上真實的優點，用不誇大也不縮小的語言回饋給他。

所以鼓勵的本質，是自己先看到，看到孩子獨一無二的品性中的優美之處，且注目欣賞。

三・總是控制不住脾氣怎麼辦？

罵上癮的小宇父親

小宇爸爸問：「也許別人家的孩子比較聽話。我們家小宇卻天天闖禍，把家裡鬧翻天。想要對他不發火，比登天還難。」

我說：「你可以舉個具體的例子嗎？」

小宇爸爸說：「小宇跑進房間，大喊大叫自己是超人，剛剛打敗了一個壞人。結果他撞到了桌子上，打翻了一個花瓶，水和碎瓷片灑了一地。」

我問：「那你是怎麼處理的呢？」

小宇爸爸說：「我當然是大吼他，為什麼不小心一點！什麼超人，你有超能力嗎，你能讓花瓶恢復原狀嗎？我看你不是超人，是個狗也嫌的癩皮狗！」

我問：「你覺得小宇是狗也嫌的癩皮狗？」

小宇爸爸說：「當然不是，我只是發火說氣話。」

我繼續問：「你希望小宇覺得他自己是狗也嫌的癩皮狗？」

小宇爸爸大吃一驚：「當然不是，你怎麼會這樣想？」

我提醒他：「可是你就是這樣告訴小宇的。」

小宇爸爸愣住了。

你說出來的話，既非自己本意，又不希望對方真的認同。請問你為什麼這麼說他？因為那一刻，你被怒火控制了，你變成了自己情緒的奴隸。所以，我無法理解那些理直氣壯發火的父母，自甘墮落的當奴隸，有什麼好理直氣壯的？

而且這個話說出來，對孩子會造成什麼樣的影響？

前面說過了，在孩子的童年時期，他對自己的認識來自於父母的「鏡映」。「對每個孩子來說，大人的認可就是愛，不認可就是恨」，小宇正沉浸在自己是超人的幻想中，這給他帶來無限的快樂，更飽含了一個男孩子對力量的憧憬和崇拜。小宇爸爸一頓狂吼、否認和貶低，小宇不但幻想破滅，而且深深體會到屈辱和難堪。最重要的是，如果父親一直持久地使用這種辦法對待小宇，小宇就無法對「力量」有正確的認識。他也許會害怕力量，變得軟弱。他也許會過分依賴力量，變得叛逆。而小宇爸爸永遠也不清楚，這一切是怎麼一點點發生的。

開始感到憤怒時，父母要覺察，自己是不是被怒火控制了。如果覺得覺察太難了，那麼我提供一個最簡單的解決方案——盡量多說陳述句和疑問句，避免反問句、祈使句、感嘆句。比如小宇打碎花瓶這個例子中，爸爸可以有以下不同的說法。

說法一：

「超人先生，花瓶被你打碎了。該星球有一千名無辜善良的居民被碎片所傷，還有一千人被洪水困住了。」

「哦，對不起，我馬上來救他們。」

「急需掃帚先生、抹布小姐來支援。」

「是！我馬上去拿。」

這是陳述句。

說法二：

「超人先生，我看到你打碎了花瓶，你該怎麼辦？」

「我該收拾。」

「你可以去拿掃帚、抹布來嗎？」

「好的。」

這是疑問句。

說法三：

「你為什麼不小心一點？你是超人嗎？你有超能力嗎？你能讓花瓶恢復原狀嗎？」

「我……」

「我什麼我？快去拿掃帚和抹布！」

「哦。」

「快去！」

……

這是反問句和祈使句。

說法四：

「你就是個癩皮狗！狗也嫌的癩皮狗！」

「……」

這是感嘆句。

家長可以試一下，決定自己還要不要動輒大發雷霆。

四・與伴侶的教育理念不一致怎麼辦？

無力的星星媽媽

星星媽媽問：「我們家教育理念不一樣怎麼辦？我主張快樂教育，星星爸主張嚴厲教育，覺得孩子一定要苦學，考名校。」

我問：「要求星星苦學考名校，星星爸主要是從哪些方面來考慮的呢？」

星星媽媽說：「星星爸覺得現在的教育環境雖然嚴酷，但和真實的社會相比，還差很多。現在都適應不了，那以後怎麼辦？必須適應！」

我問：「你的主張是怎樣的呢？」

星星媽媽說：「我覺得孩子快樂就好。」

我問：「那你怎麼看星星爸的觀點呢？」

星星媽媽說：「他說的也有道理，但我不想孩子這麼累，我覺得快樂、平凡就好。也不是每個小孩都上名校的啊。我們倆總為此吵架，星星也因此大受影響。」

我問：「星星也受到影響是指？」

星星媽媽說：「他的成績下降，爸爸罵他時，他引用我的話向爸爸頂嘴。有時候我催他讀書，他也會生氣。」

我說：「星星爸罵他，他拿你當後盾。你主張快樂教育，但是你也會催他學習，而他會生氣。感覺像三方混戰。」

星星媽媽說：「是，所以很無力。」

星星家的情況其實很普遍。爸爸媽媽的教育路線有矛盾，孩子最聰明，他馬上會抓到對自己有利的部分，借力打力，讓爸爸媽媽很無力。怎麼辦？

我們說，世界上沒有完全相同的兩片樹葉。同樣地，世界上也沒有毫無相似之處的兩片樹葉。關鍵在於，我們是否看得足夠細、足夠深。

星爸和星媽看似是兩種不同理念的推崇者，但他們首先應該做的，不是辯論爭吵，試圖壓倒對方，證明自己才是對的。這樣做的惡果我們已經看得很清楚了。我

建議他們做的，是努力把自己的觀點解剖分析得足夠細緻和深入。

星爸說，希望星星未來幸福、快樂，希望星星有適應環境的能力，希望星星擁抱競爭，希望星星剛硬堅強，希望星星能夠取得一個又一個的勝利。

星媽說，希望星星未來幸福、快樂，希望星星有適應環境的能力，可以優秀也可以平凡，希望星星在勝利和失敗的時候都能堅強快樂。

那麼，共同點來了，星爸星媽都希望，星星將來能幸福快樂，希望星星適應環境，還有堅強。那麼什麼是幸福快樂？什麼是適應環境？什麼是堅強？

星爸說，賺錢多、職位高，能買得起豪宅，然後生活得有意義。適應環境就是指無論身處何種環境都能出類拔萃。堅強就是永不服輸。

星媽說，有一份能養活自己、自己喜歡的工作。適應環境就是在所有環境中都怡然自得。堅強就是不失去信心。

現在我們來看，星爸星媽的分歧其實並不是判若雲泥，而是非常相似，是從不同角度去標注生活，只不過星爸要求更高一點，他要求出類拔萃，而星媽要求更多的是心理舒適，但共同的基礎是，要有一份值得做的好工作，要有奮鬥的堅強品格。

好的，現在該讓星爸和星媽描述一下星星了，他是一個好勝心強、成就感高的孩子？還是一個淡泊的、願意坐在路邊鼓掌的孩子？他看重外在的評價，還是看重內在的安寧？他喜歡熙熙攘攘的人群，還是熱愛寧靜平和的大自然？他喜歡物質享受還是喜歡知識探索？

星爸星媽沉默了，他們表示回答不出來。家庭戰爭的根源在於孩子適合什麼程度、能達到什麼程度，父母沒有深切的了解，僅僅憑藉自己的一己之願。就像一個人近視了去找醫生，醫生A摘下自己的眼鏡說，這副眼鏡我戴了幾十年了，非常好用，你就戴這個吧，醫生B也摘下自己的眼鏡說，還是我的好。然後兩個醫生打了起來，都認為自己的眼鏡最好，卻沒有人願意為這個近視的人測測視力。

當父母雙方都願意把愛孩子的心，化為深切理解孩子的行動之後，教育理念之間的鴻溝就會顯著消弭。因為大部分父母對孩子的期待幾乎都有相同的性質——希望孩子將來幸福、成功，有矛盾的只是期待的程度，還有達到期待的形式。而期待的程度，並不應取決於父母的一廂情願的個人幻想，而應當取決於孩子的天賦和努力。

星爸馬上反駁說，既然取決於孩子的天賦和努力，天賦是沒有辦法的，那麼我

鞭策他努力，不就是讓孩子變得優秀的不二法門嗎？

是的，不管多麼天才的孩子，不努力、不吃苦，是不可能變優秀的。這也是我們這本書一直在強調的一種觀點。但同時，我們也始終在強調這個觀點的另外一個方面：父母無法強迫孩子努力和吃苦，如果孩子不願意，他有一萬種辦法去偷懶，去陽奉陰違，去南轅北轍。父母可以強迫孩子坐在書桌前，坐在補習班課堂上，眼睛盯著書本，手裡握著筆桿，但父母無法強迫孩子思考，無法強迫孩子主動學習。沒有孩子的合作，父母的願望，只能淪為空想。

而星媽的問題是，她自己就是矛盾的。當星爸嚴厲要求星星學習的時候，她覺得心疼，滑向「快樂教育」，當星星放任自流不學習的時候，她又覺得焦慮，忍不住催促星星去學習。在她的左右搖擺中，星星也變得混亂，不知道自己怎樣做才是令媽媽感到滿意的。

所以星爸和星媽應該在了解星星的基礎上，或者自己深入討論，或者求助專家，達成一個明確的、一致的、合乎星星現實的教育思路，並互相支持著去執行。

五・家中長輩插手孩子的教育怎麼辦？

沫沫媽媽的嘆息

沫沫媽媽問：「老人幫忙帶孩子，總是在孩子的教育上出現矛盾。有時老人埋怨我管得太嚴了，有時又埋怨我太溺愛了。孩子有時候又很任性，我夾在中間，心力交瘁。」

我問：「過去時代，老人護著不讓教育是常見的。如今老人的教育觀念也在更新了，但埋怨你太溺愛了，可以舉個例子嗎？」

沫沫媽媽說：「比如我平時上班比較忙，家裡是老人做飯。他們為了孩子的營養煞費苦心。有一次給孩子做了雜糧粥，孩子卻不肯吃，覺得不好吃，非要吃餛飩。我下班回來，心裡一堆事，卻聽著她吵。如果不管她，老人又會唸，辛辛苦苦做了又不吃，覺得我溺愛。要求她必須喝掉，她就又哭又鬧。」

我問：「你怎麼看待孩子的想法？」

沫沫媽媽說：「不懂事。爺爺奶奶很辛苦，媽媽上班很累，她還這麼不懂事。」

我提醒她：「這是你對孩子的評價，如果你是孩子，你怎麼想？」

沫沫媽媽驚訝地看著我：「你的問題真奇怪，孩子的想法？」

我說：「對呀，孩子的想法。不只是孩子的想法，還有老人的想法、你的想法，如果把這三個想法區分開來，一一列舉，分別是什麼？」

沫沫媽媽若有所思。

在沫沫媽媽講的故事裡，其實有三種心理需要：孩子的需要、老人的需要、媽媽的需要。對沫沫來說，她的需要最簡單——我想吃自己喜歡吃的東西。對老人來說，需要略微複雜一點：我得給孩子豐富的營養；我希望照顧兒孫的辛苦被看到和肯定；我擔心養不好孫女讓兒子或女兒有所不滿。對媽媽來說，需要就更複雜了：我希望孩子有豐富的營養；我希望老人滿意；我害怕真的會慣壞孩子；我害怕老人批評我慣壞孩子。

當沫沫媽媽逼迫沫沫吃雜糧粥的時候，滿足的是誰的需要？更多是媽媽自己的。

這有錯嗎？

沒有。時時刻刻只想著滿足孩子的需要不但是不可能的，而且是有害的，會製造出一個唯我獨尊、不知道體諒和感激的孩子，這已經是新一代父母的共識。但我要提醒媽媽的只是，當滿足自己的需要的時候，不要把「不懂事」的標籤貼到孩子腦門上，那對孩子不公平。我們心裡明白，此刻，我滿足的是自己的需要，孩子願意配合當然好，孩子不配合，也不必動氣，大家都是在維護自己的利益嘛！

那麼這件事有沒有其他的解決方法？當然有。

第一，優先滿足老人的需要。不管沫沫要不要喝雜糧粥，沫沫媽媽自己可以先盛一碗，交口稱讚：「太好喝了！爺爺奶奶做的雜糧粥真是天下最美味的雜糧粥了。沫沫你不喝損失就太大了。」有時候老人真的很可憐，他們辛苦付出，要的只是一點點存在感和價值感。

第二，適當滿足孩子的需要。沫沫媽媽可以告訴沫沫：「寶貝，爺爺奶奶很辛苦為你做了雜糧粥，你不能一點也不喝呀。你喜歡喝就喝一大碗，不喜歡喝就自己舀出一小碗，剩下的給媽媽喝。」在一小碗這個量上，你就可以把握了，一小勺也可以，十大勺也可以。然後孩子餓一頓，下一頓也就不會挑了，有的吃就很好了。

第三，不怕滿足自己的需要。成年人也很可憐，上有老，下有小，都向你要關注、要能量。動輒老人滿腹委屈：我為你做了這麼多，你還有什麼不滿足？動輒孩

子滿腹委屈：爸爸媽媽你們不理解我，嗚嗚嗚……成年人只能仰天長嘆，把自己的需要壓在心裡，時間久了也很痛苦。沫沫媽媽可以請求家人支持，最重要的是得到沫沫爸爸的支持：「這麼好喝的粥，沫沫不肯喝，你來喝好了。」、「沫沫不想喝粥，你來搞定爸媽，我來搞定沫沫。」也可以請求沫沫支持：「寶貝，我十分理解你不想喝粥。但媽媽現在想討好外婆，你來幫個忙，演一次愛喝雜糧粥的人吧！」

在老人幫忙帶孩子的家庭中，小到雜糧粥，大到孩子升學擇業，老人都有可能有固執的意見。但我認為，最重要的不是這些意見的表面，而是這些意見的背後，我們要看到老人表達了哪些心理需要。一個不願意讓孫子去外地上大學的奶奶可能非常寂寞，一個不停地給外孫女買零食的外婆可能在自己小的時候特別渴望吃零食而不得。關注老人，努力滿足他們真正的需要，也許才是治本之道。

很重要的還有，盡量自己帶孩子。老人帶孩子，會在生活上幫很多忙，但在心理發展上，對老人、自己和孩子，都是很重的負擔。

六·孩子不配合父母怎麼辦？

滿腹疑惑的玉玉媽媽

玉玉媽媽問：「我學習了很多教育理念，在別人家孩子那裡都非常有效。但我們玉玉就是不配合怎麼辦？」

我問：「比如說呢？你怎麼用教育理念教育玉玉的？她又是怎麼不配合的？」

玉玉媽媽說：「比如你說的那個任務清單，我覺得很不錯。但是我要求玉玉寫旅行清單，她拖拖拉拉就是不肯。」

我問：「你是怎麼對她說的呢？」

玉玉媽媽說：「我告訴她，做旅行清單吧，你看隔壁彬彬才七歲，就已經會做旅行清單了。這個對你將來的學習很有好處的。她寫了幾項就說無聊。我要求她必須做完，否則假期的遊戲時間就取消了，她才認真對待，勉強把清單做完了。」

我問：「那你自己平時有做清單的習慣嗎？」

玉玉媽媽說：「那倒沒有。我只是看你說得有道理。」

我說：「你可以自己先實踐一下。你自己在行動中體會到好處的時候，才會真正說服自己，才能遷移到孩子。」

玉玉媽媽說：「啊？我要先做啊？我很忙的，我試試看吧。」

我故意皺緊眉頭說：「我寫了這麼多，你竟然以忙為藉口，不肯配合我。」

玉玉媽媽想了想，笑了起來。

我身邊有很多人，都像玉玉媽媽，看到好的理念都渴望直接灌輸給孩子，然後埋怨孩子不配合，甚至去強迫孩子，讓孩子越來越排斥。

我們要讓孩子心甘情願地做清單、寫日記、長跑、學習……僅靠良好的願望是不夠的，否則天下就沒有教育不好的孩子了。

讓孩子配合，做這些困難和枯燥的事情，我們需要竭力做到兩點：有心、無痕。

有心，意味著默默關心孩子。

無痕，意味著悄悄影響孩子。

教育中的無痕特別重要。上一輩，我們常常看到很多媽媽沒學過什麼先進的教育理念，甚至目不識丁，卻培養出了非常優秀的孩子。為什麼呢？就是媽媽自身的特質，比如勤奮、堅強、認真、負責、寬容……深深浸染了孩子。所謂大音希聲，媽媽默不作聲，她的行為卻在孩子的心裡金聲玉振，這就是教育的無痕之處。在今天，我們卻似乎說得太多了，做得太少了，有痕的教育太多了，無痕的教育太少了。

對玉玉媽媽來說，如果真的覺得一種教育理念好，可以自己去試試看，是不是真的好。如果做了任務清單後，去超市的時候，真的節省了時間，還避免了像以前一樣，買了許多不想買的，該買的又沒有買到的情況。玉玉媽媽才會真的覺得清單有用，真心和玉玉分享。玉玉感受到媽媽的誠意，看到媽媽的變化，才會一點點地接受這種方法。這個過程不是誰要去配合誰，而是自然無痕的滲透和影響。

我們這本書也是一樣的道理。我們的目標是教會孩子和時間做朋友。然而我們自己不會的東西，是沒有辦法教給別人的。讓我們自己先做好時間的朋友，耐心地去滋養和綻放生命，耐心地去做父母，耐心地用一棵樹搖動另一棵樹、一朵雲推動另一朵雲、一個靈魂喚醒另一個靈魂，引導孩子經歷一個豐富而美好的時間旅程。

電子書購買

國家圖書館出版品預行編目資料

給孩子最珍貴的三項禮物：目標 X 自律 X 累積 / 唐豔豔著 . -- 第一版 . -- 臺北市：崧燁文化事業有限公司 , 2022.03
面； 公分
POD 版
ISBN 978-626-332-154-0(平裝)
1.CST: 親職教育 2.CST: 時間管理
528.2 111002336

給孩子最珍貴的三項禮物：目標 × 自律 × 累績

臉書

作　　者：唐豔豔
發 行 人：黃振庭
出 版 者：崧燁文化事業有限公司
發 行 者：崧燁文化事業有限公司
E-mail：sonbookservice@gmail.com
粉 絲 頁：https://www.facebook.com/sonbookss/
網　　址：https://sonbook.net/
地　　址：台北市中正區重慶南路一段六十一號八樓 815 室
Rm. 815, 8F., No.61, Sec. 1, Chongqing S. Rd., Zhongzheng Dist., Taipei City 100, Taiwan
電　　話：(02) 2370-3310　　傳　　真：(02) 2388-1990
印　　刷：京峯彩色印刷有限公司（京峰數位）
律師顧問：廣華律師事務所 張珮琦律師

定　　價：350 元
發行日期：2022 年 03 月第一版
◎本書以 POD 印製